陪伴

總統教育獎推手

陳蔚綺的愛與教育

目錄

目錄

序文

推薦序

自序

推薦序・愛與陪伴

財團法人勇源教育發展基金會
陳致遠　執行長

在特教學校裡，有個孩子假借要上廁所，偷溜到音樂教室裡彈鋼琴。坐在鋼琴前的孩子，像是乘著音樂自在飛翔於藍天一般，精神奕奕，渾然忘我地敲奏琴鍵，儼然開起了個人音樂會，與平時教室裡無精打采的模樣大相逕庭。

在《陪伴：總統教育獎推手陳蔚綺的愛與教育》書中，我讀到身障孩子醉心音樂的這個段落，不禁發出會心微笑。事實上，勇源教育發展基金會持續贊助萬海航運社會福利慈善基金會舉辦慈善音樂會、「愛有為萬海慈善身障者才藝徵選大賽」，也從中發現身障者的音樂天份，而每位參賽者的故事就像一本本的勵志書。

更難能可貴的是，本書的主人翁——陳蔚綺老師儼然有「點石成金」的能耐，不僅讓她的學生寫出無數本的勵志書，還教出了九位總統教育獎的學生。這個「前無古人」的紀錄，她是如何辦到得呢？

序

陳致遠
財團法人勇源教育發展基金會執行長

在某個因緣際會之下，陳蔚綺老師先到彰化啟智學校任教兩年後，後轉至台中特殊教育學校工作，一待就是二十餘年。在這漫長的特教生涯裡，她和許多特別的孩子相遇、相識，在彼此生命中寫下獨特的樂章。她說，即使過程辛苦、諸多挑戰，都不曾動搖，推使她持續努力不懈的動力，不全然是為了「理想」，也並非基於對身障孩子的「同情」，而是發自內心「喜樂」於特殊教育的工作。

發自內心喜樂的力量源源不絕，於是，她因材施教，並樂在其中。

有位患有亞斯伯格症候群的孩子，如果他人不配合便會因此發怒。看準這孩子個性好勝，又有顆喜歡音樂的心，陳蔚綺老師在課堂時與他「四手聯彈」，並展開一段激烈精彩的「鬥琴」，不僅成功抓住他的注意力，還藉著演奏中的強勢主導，讓孩子知道要能懂得配合他人……，之後，她和這個孩子成了好朋友。

有人說：有一天，孩子都會張開翅膀，在自己的人生中翱翔。那麼，對於這些折翼的身障天使呢？我們能給他們什麼呢？

答案是：發自內心喜樂的「愛與陪伴」。在《陪伴：總統教育獎推手陳蔚綺的愛與教育》這本書裡面，您將得到最好的印證！

推薦序・唯有真誠，才能通向一切道路

聯合報系文化基金會
邱文通　營運長

二〇一六年九月三日下午，在新北市政府507會議室，第一次見到陳蔚綺老師，當時她的身分是台灣身心障礙者音樂關懷協會理事長，應聯合報系文化基金會與新北政府勞工局之邀，從台中北上，參加《藝起照亮無障愛》公益活動的「心樂計畫跨界講座」，與視障鋼琴家許哲誠對談。

那一次，現場反應還算熱烈，相較於許哲誠的時而風趣時而感性，陳蔚綺老師顯得靦腆，很難想像她已擔任老師二十餘年，還教出九位總統教育獎得主、幫助十七名特教生考上街頭藝人證照。

去年，聯合報系文化基金會邀她出版《陪伴——總統教育獎推手陳蔚綺的愛與教育》，她欣然同意，她說：「我非常樂於分享，讓更多人一起陪伴」。就在應允之後不久，她陸續獲頒師鐸獎、吳尊賢愛心獎。

身為媒體人，我常想：如何讓台灣更好？大學雖在「張老師」受過訓，但所學，連個半調子都不到；曾到醫院試著當義工半天，反倒礙手礙腳。既然所學新聞，採寫編輯出版，累積經驗二十多年，何不駕輕就熟，推動「公益出版」！

何謂「公益出版」？尋思良久，下這樣的註腳，尋找推動社會公益、人文教育的團體、個人或事件，然後以「社會責任為核心、感人故事為內容、融和出版為途徑、社群傳播為通路」，去傳遞美善價值，去影響斯土斯民，讓台灣更好。

陳蔚綺老師是「公益出版」的第一人，也因此，我多次和她見面，或開會或聊天，每每都能感受到她的真誠——那份透著些許靦腆的真誠，對任何人對任何事純一無二，「唯有真誠，才能通向一切道路」這句話，用陳蔚綺老師身上，貼切極了。

《陪伴——總統教育獎推手陳蔚綺的愛與教育》這本書的出版，除了要感謝陳蔚綺老師的傳道授業解惑，更要感謝勇源教育發展基金會的共襄盛舉，尤其是陳致遠執行長的大力支持，還有負責採訪寫作和設計編輯的邱子喬、全程協調連絡的聯合報洪英、文化基金會的楊喬涵及有故事的夥伴們鍾佳陽、賴婉玲和林姮聿，謝謝大家！

邱文通

聯合報系文化基金會營運長

推薦序・溫柔的堅持

臺中市豐原區南陽國民小學
陳忠秀　退休校長

與陳蔚綺老師認識是在二〇〇四年，原本我是因台中特教學校創校張明順校長的關係，來到中特擔任音樂志工，當時的陳老師懷孕挺著大肚子，帶著學生四處表演，我還發現我們有共同的學生 - 當時就讀台中啟明學校國小五年級的腦麻全盲身障生張晏晟，接續有更多的機緣一同指導許多身障孩子學習音樂，也一同為他們辦多場音樂會。

蔚綺老師是我見過最有耐心的音樂老師，她在指導盲生彈鋼琴時，要求學生做到音樂性非常好，音色非常細緻，表現力絕不輸一般明眼人，但卻是一種「溫柔的堅持」，盲學生在陳老師的指導下，非但琴技突飛猛進，表現亮眼！難得的是，在陳老師的嚴格要求苦練下，非但對音樂的喜愛程度絲毫未減，更是與日俱增！真的很佩服陳老師的教學專業與熱忱。

陳老師對待每位學生像自己的孩子一般，甚至放比自己小孩更多心力在這些身障學生身上，多年來免費指導身障生，讓他們在音樂界發光發熱！五年前陳老師的丈夫罹癌至三年前辭世，期間蔚綺老師仍持續關心掛心每一位學生學琴的狀況，她一直是盲生們的明燈，在失去另一半的支持後，陳老師仍堅強地帶著一群身障孩子勇敢追夢！陳老師的無私全心投入，成就了無數身障孩子，翻轉人生，看見希望與幸福！也讓台灣音樂界綻放最真最善最美的光芒！

序
陳忠秀
臺中市豐原區南陽國民小學退休校長

推薦序・有愛無礙

國立林口啟智學校及國立臺中特殊教育學校
張明順 兩校之創校校長

陳蔚綺老師原本在彰化啟智學校服務，台中特殊教育學校創校不久，即應聘來校服務，奠定了邇後從事特教的基石及典範。任教期間與楊化嵐老師（後來改名為楊喬棋），儀老師三人擔任音樂舞蹈課程，在她們同心協力，認真指導之下，歷次參加全Israel心智障礙者才藝比賽或啦啦隊比賽，均得到最高榮譽獎！在台中市每個可供表演的舞台及場所，均可以欣賞這批特教生的才藝表演，受到各界的讚賞！這一群可愛的學生，將表演所得到的賞金，奉獻學校美化綠化校園環境，這座美崙美煥的校區，居功厥偉！

在音樂的課程裡，針對特殊學生的個別需要，因材施教，耐心發覺學生的潛在能力，本著天生我才必有用的方針，永不放棄！凡在陶笛、電子琴、爵士鼓及小提琴等，造就不少街頭藝人取得證照，在課餘指導盲生，有愛無礙，讓愛飛揚！贏得國際大賽，揚威國內外，學上傑出的表現，獲得十大傑出女青年獎，師鐸獎及多次受獎紀錄。

陳老師有如天使，是視障者的一盞明燈，聽障者肢體語言的領航員，智障者心靈感受的靈魂之窗。值其出版專輯「陪伴」一書之際，對教學寶貴經驗之奉獻，延續傳承下來，供為典範，將美夢成真。謹撰所知，與眾賢達分享。

註：國立林口啟智學校今改為「新北市立特殊教育學校」，國立臺中特殊教育學校今改為「臺中市立臺中特殊教育學校」。

張明順
國立林口啟智學校及國立臺中特殊教育學校創校校長

推薦序・走不同的路

國立彰化特殊教育學校
鄭美雲　退休主任

一九九四年，彰化啟智學校（以下簡稱彰智）剛成立。第一年只招收國中部五個班。因新建校舍還未完工，暫借彰化員林饒明國小上課。

有一天，蔚綺跟他男朋友張年亨先生來彰智「看看」（張先生後來成為她的夫婿。幾年前因病過世，讓人既心疼又惋惜）。時任教導主任的我，記得，那天有安排跟她「面談」。初步了解：她是台灣師大音樂系畢業，曾在國中擔任音樂教師。那是我第一次跟蔚綺見面。

當年，彰智正積極招聘老師。雖然，那時候，有特教背景的老師少之又少，對來應考的老師，我們看重的是這位老師是否有愛心？為人是否正直、熱誠？是不是讓人感覺溫暖，能傳遞正能量。當時，蔚綺給我的印象，就是具有這些好特質。可，我心想：蔚綺頂著台灣師大音樂系的光環，人又年輕漂亮，怎麼可能願意來彰智？（雖然，那時候我滿心企盼她願意來）。萬萬沒想到，她不但願意來，還表明要放棄應考國中音樂教師的機會，甚至，把已報名的「准考證」交給我，表示要到彰智的誠意！說真的，當時我真想緊緊抱住她，以代表彰智學生的感謝和我的感動！老天爺對我們太好了，給彰智帶來這麼一位美麗的天使！

一九九五年，蔚綺順利考取彰智，擔任音樂專任教師。每天，學校都會安排各處室主任輪流巡視課堂。我每次巡堂，經過她教室，看到孩子們扯開嗓門唱歌，使盡力氣敲打樂器的傻勁，總是感動莫名～多好的一位老師啊！我們在彰智共事那幾年，彰智深得上天厚愛，擁有最優質的教職員工。天時、地利、人和兼備，有這　好的修煉道場，成就彰智成為特教界的楷模，我深以為榮！

一九九九年二月，我從彰智退休。蔚綺也轉任台中特殊學校直到現在。十八年來，蔚綺像一位手持魔棒的仙女，點化了許多人的生命，重寫他們的人生！讓不可能成為可能。每次看各種報導她的訪談和她指導學生的實況，總會讓我熱淚盈眶！這群身障的孩子，何其有幸，能遇到這麼棒的老師　！那年，　蔚綺選擇當特教老師，走不同的路，多年來，成就許多不可能！今天，如果說，我對特教有什麼貢獻，應該是：當年，曾扮演伯樂，網羅優質人才，在特教界美麗揮灑！蔚綺更是佼佼者！

看到特教界這樣的美麗身影，感覺真好！

鄭美雲
國立彰化特殊教育學校退休主任

推薦序・關懷與奉獻

國立白河高級商工職業學校、前臺中特殊教育學校
邱進興　校長

早認識陳蔚綺主任，是在暑期四十學分班進修的時候。當時我並不知道眼前的她，竟有著一雙超能力魔手。直到二〇〇九年任職台中特教學校，蔚綺主任成為工作上得力的左右手，我才發現她的與眾不同。

就職的那天，走進會議室舉目所見的眾多海報，都是恭喜陳主任榮獲十大傑出女青年的訊息和照片，我才驚覺台中特教學校竟然臥虎藏龍，有能人如斯。細查之下，陳主任除了本校常態性的業務、教學及指導樂隊之外，還利用課餘時間教導台中啟明學校的學生，並且帶出了總統教育獎這樣的好成績。面對擁有如此實力的人才，卻不能提供一個發揮的好舞台，那絕對是台中特教學校最大的損失。

無巧不巧，正逢陳大鈞先生代表網銀基金會蒞校，表示基金會願意為中特的學生在音樂方面提供支持與協助。在這樣的契機下，陳主任毅然背負起重責大任，也迅速地在幾年時間內培養出了四位總統教育獎得主，另外更輔導許多特教生考取了街頭藝人的證照，項目包括

了陶笛、薩克斯風、電子琴、爵士鼓和太鼓。隨著愈來愈多中特的學生考取街頭藝人證照，畢業之後在各大景點演出，陳主任的身影也變得更加忙碌，穿梭在各個表演場合，只為了給孩子們鼓勵，在能力之外，我看見了教育的各種元素中最可貴的關懷與奉獻。

對於陳主任的作為，我心中一直抱持疑問：她畢業於臺師大音樂系，家裡想必對她有很高的期待，為何獨鍾情於教導特殊學生音樂？對於冒昧的提問，她回應自己在年輕時曾帶著滿腔熱情投入普通學校的音樂課程，奈何在升學主義浪潮下，學校的不重視、學生可有可無的態度都讓她飽嘗挫折與失落。沒想到在特教學校裡與特教生的互動，看到孩子們開心純真的手舞足蹈，讓她找回了對音樂的熱忱與感動，遂興起了想要「做更多」的念頭。

不期待回報、沒有預設要獲得什麼，就只是伸出了超能力的魔手，幫助慢飛的天使們在音符的環繞下，自在地展翅飛翔。大家都說這是蔚綺主任的魔法，但是知情的人都很清楚，這是她對教育、對音樂、對孩子最大的愛。

序　邱進興
國立白河高級商工職業學校校長、前臺中特殊教育學校校長

推薦序・陪伴每一刻

臺中市立臺中特殊教育學校
陳志清　校長

面對特殊教育的孩子，學的慢、忘的快、學習遇到的困難多，需要老師更多的耐心與愛心，本校陳蔚綺老師憑藉著音樂的專業，教導特殊教育孩子，針對不同優勢能力的特教孩子，給予不同教學方案，「陪伴」正是陳蔚綺老師從事特教二十多年來最佳寫照，特教學生需要陪伴，陪伴在生活中的每一刻，陪伴在學習的每一刻，陪伴在未來的每一刻。

陳老師把教育特教孩子當作自已的志業，不管是視障或是智能不足的特教學生，陳老師總是用心的發掘孩子優勢能力，耐心教導，尋求資源協助孩子，開發特教孩子的音樂潛能，協助通過街頭藝人證照考試，甚至幫助孩子具備未來的謀生能力。

本書的出版肯定陳老師對特殊教育的努力，臺中特殊教育學校至今培育二十八位街頭藝人，六位總統教育獎學生，推動陶笛、薩克斯風、電子琴、爵士鼓、太鼓、美術及小提琴，感謝陳老師用心的付出，成就特教孩子。

另外，陳蔚綺老師協助學校推動親師生共學方案，結合家長、老師及特教學生的努力，學習各項音樂才藝，幫助孩子發揮與生俱來的潛能、發展特殊學生特殊能力，提升特殊教育品質，臺中特殊教育學校也因為有您的努力，由優質邁向卓越。

陳志清
臺中市立臺中特殊教育學校校長

推薦序・弦歌不輟揚特教

國立彰化特殊教育學校
王志全　校長

一九九五年，在彰化啟智學校初識蔚綺老師，在特教教師不足的年代，師大音樂系畢業，投身特教教師，是非常稀有、罕見，蔚綺老師用音樂帶給特殊孩子不一樣的世界。

那年，有位高職部的孩子，平日字都不大會寫，在賀爾蒙的作用下，對溫柔、活力、亮麗的蔚綺老師，充滿喜歡。每天一到校，都會送上兩面都密密麻麻寫滿滿的「陳蔚綺我愛妳」的字樣A4的紙兩張，令人十分困擾。蔚綺老師找我討論，先由孩子為何會這麼做的原因開始探究，想到孩子每天回家在燈前奮力書寫的身影與強大的動力，決定要將這股能量引導至學習。告訴孩子，蔚綺老師喜歡收到信，教孩子如何寫信封：內容要有開頭、稱謂，內文請寫二十字內，告訴蔚綺老師今日在學校的一件事，再加上自己的感受。結尾，要註明孩子的姓名。蔚綺老師收到這樣的信，會回信的。哇！看見蔚綺老師溫柔專業的追求。

後來，得知蔚綺老師義務教導視障的孩子學琴，更是佩服，可以在沒有視覺協助的情況下，以觸覺、聽覺教視障孩子一個音符一個音符的認，一節樂譜一節樂譜的學，終能完成一曲，應用特殊教育中的工作分析，帶領視障孩子翱翔音樂天地。

因家庭因素，先後和蔚綺老師均轉到臺中特殊教育學校，再續特教緣。發現蔚綺老師不但持續義務教導視障孩子，更擴及至智障及多重障礙的孩子，不但利用自己休息的時間教導身障孩子音樂技能，更為孩子們搭建舞台，開始時是爭取各種場合，讓孩子們上台、帶著孩子們參加各項比賽、甚至出國比賽，後來更為孩子們成立專屬的協會，辦理國內外的展演與交流。讓每位由蔚綺老師工作室出來的孩子，在音樂的領域中都能充滿自信的發光發熱，更造就了九位總統教育獎的得主。

故事仍在上演，雖然蔚綺老師擔任行政工作，工作時間變長，要煩心的事更多，但是這群孩子仍掛在心上，在晚間的工作室、在假日的展演場地、在協會的活動中，令人動容的師生互動仍在持續，一直認為，這是特殊教育中最美的風光之一。

感謝蔚綺老師為身障孩子打開豐富的音樂之門，感謝身障孩子精彩的成就，讓我們學到堅持、不放棄，世界會不一樣。

王志全
國立彰化特殊教育學校校長

自序・因為有你，我不孤獨！

陳蔚綺

在年近半百的時候出書，算是交出一張人生期中考成績單吧！？有幸在聯合報基金會邱文通營運長的策畫，及其愛女子喬將我的口述執筆下，能將二十五年任教歷程做一個回顧，真的很幸福。

人生似乎總有許多意外與轉折，其實我原本只是一個想平淡過日子的小女子，踏入特教界卻改變了我，看著這群折翼天使，心中總是有源源不絕的想法，總想著該怎麼做，該怎麼幫他們？自己也不知為何有用不完的心力、做不完的事；卻忙得很開心、很踏實！

師大音樂系畢業後，原本是一位國中音樂老師，課餘教教鋼琴，似乎蠻不錯的，但好像又有點不是我想要的日子。踏入特殊教育界時，讓我看見許多生命的無限潛能，有太多事物是我未曾感受到、未曾接觸到的，而我手中握有的音樂魔杖，在身障孩子身上，看到悸動不已的神奇改變！聽到身障學生天籟般的演奏演唱，看到他們表演時燦爛的笑容，這樣奇妙的畫面與透亮美聲，我是何其幸運可以第一個身歷其境！

如果告訴大家，我常常被學生們深深感動，不知你們是否相信？但這是真的！我們一直互相以生命影響生命，以生命感動生命！我的壞脾氣及力求完美的吹毛求疵，在教身障生之後完全改變，自己也不知為何，可以耐著性子等待另一種不完美。

二〇一三年我的先生罹癌，當時我向他說：「我還有好多夢想還未實現，你不可以走，要陪伴我、支持我完成夢想！當時的夢想就是幫助身障學生站上世界舞台，發光發熱！但是，二〇一五年他還是走了……

我現在仍然有許多夢想，還是很想一一實現，這些音樂夢都寫在書的第六章！《有夢最美》。我知道，有許多身障孩子需要我，更有許多朋友支持著我！「人生有夢，築夢踏實！」在未來的日子裡，因為有你們，我不孤獨！我會繼續帶著身障孩子們，在音樂世界裡，共譜溫暖幸福生命樂章！

陳蔚綺

陳蔚綺
臺中特殊教育學校教務主任

第一章

用愛引路

帶著音樂魔法走入特教界

特殊教育體系裡的音樂課，與普通學校有何不同呢？

雖然同樣稱為「音樂課」，由於授課對象與目的不同，上課內容和方式也截然不同。普通學校的音樂課程雖不是專業音樂訓練，但基本樂理如音階、音符，和簡單樂器的演奏，仍是學生的必修。與之相比，特殊教育學校的音樂課裡，學生們所接觸的音樂教育並不著重在樂理和演奏演唱技巧，而是另一個更重要的目標——**「音樂能改善孩子什麼」**。

特殊教育學校裡的學生，全是身心障礙的孩子，視覺障礙、聽覺障礙、肢體障礙、腦性麻痺、智能障礙、或自閉症，有時候，同一個孩子身上也可能出現不只一種的多重障礙，面臨比他人更多的考驗。

即使是現代文明與科技進步的社會，身障孩子的成長道路上仍免不了許多磨難，但這些障礙不該只是限制孩子成長的高圍牆，反而是砥礪他們茁壯的磨刀石，每一位孩子都有機會掌握自己的人生，創造獨一無二的生命價值。

為此，**「教育」**正是他們成長階段中關鍵的一把鑰匙。

踏入特教大門

談起踏進特殊教育的契機，陳蔚綺稱它是巧合，但其實是一個聽取真實心聲的故事。

出生於南投竹山的陳蔚綺，自小就是受音樂的灌溉成長。她的雙親皆為教育工作者，母親是音樂老師，而在母親薰陶下，自然而然對音樂產生興趣，一路修習音樂長大，大學更順利考取台灣師範大學音樂系，立志能與母親一樣成為音樂老師。畢業後，陳蔚綺先到小學實習，再被分派到新竹擔任國中音樂老師。

那時，剛成為音樂老師的陳蔚綺，心中滿懷對音樂教育工作最純粹的理想與熱忱。

只可惜，現實與理想總是隔著一段唯美的距離。過度強調升學重要性的教育環境，讓非考試學科的音樂課不受重視，升學壓力讓音樂課變了調。當時，依照學科能力分班的教育制度，讓學生不僅在成績表現上有了高低之分，音樂課的投入程度也不一致。

前段班聚集了全校成績頂尖的學子，面臨排山倒海的考試壓力，迫使他們不能放過任何可以唸書的機會，非正式考科的音樂課理所當然地變成K書課，學生既不參與音樂課、也不太與音樂老師互動。後段班情況則相反，這些被學校放棄又自我放棄的學生，非但不在乎學科成績，課堂間也只會玩鬧，彷彿全世界都是他們的遊樂場，在教室內橫衝直撞。較為好的情形就屬中段班，對老師和上課內容有較多的回憶與互動。

總之，荒腔走板的音樂課，與她預期的音樂教育相差甚遠，每每想到這些，不禁悲從中來。

一位從台師大音樂系畢業的優秀新鮮人，才剛進入學校，準備一展抱負，以音樂老師氣質優雅的姿態，培養學生的藝術素養，卻在學業壓力的籠罩之中，降格成了為學生播放音樂的DJ，課前用心準備的音樂素材，入了學生的耳，卻入不了學生的心；在混亂的教室內，則又得花上很大的力氣做教室管理，遑論教學的品質。

面對學生無所謂的上課態度、吵擾的課堂狀況，部份老師似乎是視而不見、聽而不聞，不理不睬，只管按表教課，讀唸課文、抄寫板書，熬過一堂又一堂的課。陳蔚綺將一切看在眼底，對於這種看似聰明、實則逃避的作法，她懷著既失望又惴惴不安的心情想著：若一位老師的教育生涯都是如此，未免太過可悲。

雖然，起初的挫折令陳蔚綺沮喪，但她並未輕易妥協。

她心目中理想的音樂課，應該是能帶給學生們快樂的。為了實踐從事音樂教育的理想，

• 剛畢業教書時期

首先勢必要能引起學生的興趣，提升參與音樂課的意願，於是陳蔚綺決定投其所好，將學生喜歡的時下流行音樂納入課程內容，先抓住他們的心，再來改善上課狀況。

在九〇年代，青少年間最膾炙人口的流行歌曲之一即是周華健的《朋友》——「一句話，一輩子，一生情，一杯酒」短短的四個詞，道盡在流浪的生活中友情的珍貴——清亮明快的旋律，加上琅琅上口的真摯歌詞，是引起年輕人們內心共鳴的一首好歌。選定後，陳蔚綺特別找來樂譜，準備用這首歌在課堂上和學生們一決勝負，用音樂展開新的交流。

沒想到，將歌曲帶進課堂上後，這番苦心卻未奏效。

那天，音樂教室裡響起了學生們耳熟能詳的旋律。陳蔚綺坐在鋼琴前，現場彈起了《朋友》

一曲，一邊自彈自唱，一邊邀請學生們一同合唱。然而，學生們的反應出乎她意料之外的平淡，她精心準備的這份驚喜，不但沒被注意到，反而將她淹浸於難以承受的難堪之中。

她只覺得，當下的她就像是酒吧裡的琴師，為討好聽者盡心演奏，卻得不到任何關注和掌聲。原本滿心的期待被澆熄，取而代之的，是一股憤恨的怨氣。這回，她再也忍不下心中的不滿，將音樂老師應有的氣質和修養拋諸腦後，衝著學生大發雷霆，指責他們對音樂課的視若無睹和對老師的不尊重。

「可能是我剛畢業，教學技巧和能力還不夠純熟。」談起那段沮喪的教學經歷，陳蔚綺有些遺憾地說。

高漲的升學主義下，學生無心參與的音樂課，讓原本對教育滿腔熱忱的陳蔚綺承受巨大的挫折，卻又無力改變，而在事事追求正確答案的教育體制裡做一位音樂老師，似乎並不是屬於她的正確解答。

還好，不久之後，改變陳蔚綺教育生涯的轉捩點出現了。

於新竹的國中任教滿兩年之時，深感無法繼續在這樣的環境裡奮戰，陳蔚綺辭去國中教職，原本想準備出國唸書，這一年先在文華高中、台中高工及台中高護等高校兼課教音樂，同時補習並申請將留學的學校。

一九九五年，彰化的啟智學校對外招募特教老師，得知消息的陳蔚綺前去應徵。

不論是在當時還是現在，普遍來說，願意投入特殊教育的老師都是相對少數，具音樂專業背景的更是稀少。因此，當彰化啟智學校看見一位自台師大音樂系畢業的應徵者，陳蔚綺之於他們而言，就像是天上掉下來的禮物，即使沒有特殊教育的教學經驗，校方還是熱烈歡迎她的加入。讓陳蔚綺驚訝的是：校長與教導主任親自迎接她來報考，讓她好生感動！當年引領不懂特教的她走進特教領域的重要人，就是當時彰化啟智學校的教導主任鄭美雲主任。

得到彰化啟智學校的機會後，陳蔚綺並沒有考慮太久。畢竟，只要升學主義的教育環境猶在，即使換到其他普通學校任教，相同的情況勢必會一再上演。既然如此，何不換個領域試試看呢？

於是，陳蔚綺就此進到了彰化啟智學校，在彰化啟智學校的這五年，讓陳蔚綺如海棉般吸收了許多特殊教育的相關知識，練就一身功夫，結合特教與音樂雙專業，得以乘載滿滿的能量，展開往後造福無數身障孩子的特殊教育之路。

♪

• 陳蔚綺在彰化啟智學校與孩子們的音樂課。

與慢飛天使們的相遇

來到彰化啟智學校，陳蔚綺首次與慢飛天使們相遇了。

由於上天降臨的考驗，這些孩子的身體或行為能力與常人不同，但是相對地，他們擁有世界上最純粹的靈魂，那些沈天然、可愛的一舉一動，深深地吸引、感動了陳蔚綺，一再又一再，尤其當他們被音樂懷抱時，醉而忘我的模樣，陳蔚綺也跟著醉了，一回又一回。

於彰化啟智學校任教兩年後，陳蔚綺因家庭因素轉而來到台中特殊教育學校工作，一待就是近二十年。逾二十載的特教生涯裡，和許多特別的孩子們相遇、相識，在彼此生命中寫下獨特的樂章。即使過程辛苦，也遇過諸多挑戰，但她從來不後悔，不曾有過回去普通學校任教的念頭。推使她持續努力不懈的動力，不全然是為了「理想」，也並非全是基於對身障孩子的「同情」，而是發自內心地「喜樂」於特殊教育的工作。

用音樂帶給孩子們快樂與自信，就是最重要的事。而她，確實做到了！

特殊教育學校裡的孩子，由於身心的障礙，在生活與學習上遇到的困難比常人多，能參與的休閒活動與投入學習的領域限制也較大，而音樂正好是能讓他們越過重重阻礙的一道光芒，孩子們打從心裡深處尋循而入。

• 陳蔚綺自行設計製作的教具。

雖然無法全程參與孩子的生命歷程，但珍視他們的心則永遠不會消失，藉由照片和影像紀錄，陳蔚綺珍藏著孩子們成長過程的點點滴滴，不論是學校裡的音樂課，還是到各地的公開表演、比賽等，皆是細心地保存著。每張照片裡滿是孩子們燦爛的笑臉，還有他們身上散發出來的那自信而耀眼的光采。

看著這些照片，我們不禁好奇，陳蔚綺是如何用音樂帶這些孩子創造生命奇蹟？

做為一位特教老師，在陳蔚綺的心中，身心障礙的孩子之所以特別，其實不在於降臨他們身上的考驗，也不是他們與常人不同的行為表現，而是他們面對音樂時，那顆全然喜樂又投入的真心。

在她與孩子們美好的音樂時光裡，每當音樂響起，孩子們如同含苞的花兒綻放，展露笑顏，投入在樂曲旋律的懷抱之中，身體內自然湧起的動能，使他們開始跟隨節奏，順著內心喜悅的鼓動，揮動肢體，完全不吝嗇於釋放強烈的表演欲望，什麼害羞、尷尬的情緒一點兒也都沒了，只是跟著音樂的節拍，越舞動越起勁。

「真的是好可愛、好可愛。」憶起孩子們沈浸在音樂世界裡的模樣，陳蔚綺不自覺地連聲說著。

孩子受音樂鼓舞的活潑模樣，不僅陳蔚綺覺得逗趣可愛，也讓其他老師在親眼見識後驚喜不已。曾經，一位孩子的班導師好奇學生上音樂課的狀況，想為學生拍些照片，便悄悄來到音樂教室。當老師隔著窗往裡頭瞧瞧，卻驚訝地發現自己的學生在音樂教室裡好似變成了另一個人。

原來，自閉症的孩子平時不大願意說話，不擅長表達自己的想法，對於情緒感受時而極度敏感、時而遲鈍，偶爾會迴避與他人眼神交流，經常躲在角落默默地做著自己的事情，就像有一道厚實的牆橫擋在他們和旁人之間，與外界溝通的橋梁被阻斷，使他們受困在無形的、自我的小小世界之中。

音樂，這一道能越過城牆、照進心池的光芒，就在陳蔚綺的帶領之下光芒四射，創造了無數的奇蹟。

音樂教室裡，經由樂器產生出的各種聲音，彷彿魔法的種子植入孩子心底，刺激著全身的感官，不但成功抓住了自閉症孩子的注意力，也為他們的身體填充活動的能量，湧現出無盡的喜悅，如同盛開的向日葵追逐陽光般，孩子追隨樂聲、盡情舞動，在音樂創造的世界中「活」了起來。

「那時候覺得太有趣了。」看見音樂在自閉症孩子身上施下的魔法，陳蔚綺打從心底感到欣喜。

除了藉由音樂促使孩子們樂於表現自我之外，陳蔚綺也會運用音樂來鼓勵孩子表達內心的想法，其關鍵的秘訣就是孩子們「對樂器的渴望」。課堂間，她將各種樂器散擺在教室內的大桌上，孩子們則眼巴巴地看著樂器，對他們而言，可以發出各種美妙聲響的樂器就像是寶物一樣，將那些樂器抓在手裡大肆敲奏一番，就是當下他們最純粹的渴望。

既然是寶物，自然不是唾手可得的。

「想要什麼樂器跟老師說，老師拿給你。」看透孩子眼底閃爍的期盼，陳蔚綺把樂器當作獎勵，鼓勵孩子主動說出自己的想法。

眼前是樂器的頻頻誘惑，耳畔還有老師的溫柔鼓勵，因自閉症而不擅長口語表達的孩子，彷彿被施了魔法，身體內湧現力量。幾番嘗試發聲後，成功向老師說出了心中屬意的樂器。「鈴、鈴鼓……」，學著孩子有些扭捏卻又藏不住渴望的說話方式，陳蔚綺在模仿中帶著一絲滿足的驕傲。

這份驕傲，不單是音樂治療實驗課程的一次成功，還包含著孩子對音樂的喜愛之情、孩子進步的體現。陳蔚綺的特殊音樂教育，是藉由音樂強大的感染力，散播快樂與勇氣，幫助

• 陳蔚綺與自閉症學生一同彈琴。

孩子突破受限的身體、心理，也向孩子傳遞「付出行動、才有收穫」的觀念，溫柔而自然，潛移而默化，一點一滴澆灌、積累在他們的日常生活裡。

特教學校裡的音樂課，因為有陳蔚綺以音樂的細心灌溉和音樂不可思議的渲染力，屢屢幫助孩子們跨越身心承受的考驗，點亮逆境中的生命之火，帶來歡樂與幸福。

也許，最美好的音樂課莫過於此吧。

♪

秘密的獨奏會

特教學校裡的日常，音樂驅使孩子行動的趣事說不盡，其中一個有趣的經典故事。

「老師，我要上廁所！」課堂途中，有個孩子突然大聲喊道。

上課時間，學生喊著要去廁所是稀鬆平常的小事，班導師不疑有他地放了行，獲得允許的孩子也在一瞬間飛快地跑出教室。大多數的情形，孩子上完廁所後便會乖乖回到教室繼續上課，但這一次，超過老師預期的時間後，孩子仍是沒回來。

擔心孩子發生意外，班導師趕緊離開教室尋找，第一時間先到廁所，尋無所獲，再找了其他孩子可能會去的地方，四處奔走校園各處，可是都沒發現孩子的蹤影。苦惱之際，突然靈機一動，班導師動身前往音樂教室，可才終於找到目標。

原來，孩子是偷溜到音樂教室裡彈鋼琴去了。

坐在鋼琴前的孩子，像是乘著音樂自在飛翔於藍天一般，精神奕奕，渾然忘我地敲奏琴鍵，儼然開起了個人音樂會，與平時教室裡無精打采的模樣大相逕庭。

與身體健全的孩子相比，身障孩子們的思考和行為往往都更為真實、直接，往往都是順著心裡所想就採取行動。之所以如此為音樂深深著迷，或許是因為體會過音樂裡寬廣自由的世界，而在某些受到限制的時刻，更加渴望音樂的陪伴，因而毅然決然地付諸行動。

後來，若再次發生孩子離開教室未歸的情形，音樂教室即成了導師們首要搜索的重點目標。有時，會不意外地發現，音樂教室裡正在舉辦秘密的獨奏會呢。

♪

鬥琴，琴鍵上的對話

另一個故事，是關於一位患有亞斯伯格症候群的孩子。

亞斯伯格症的患者特徵是缺乏社交能力，或是有溝通障礙，極度固執且興趣狹隘。但另一方面特徵是，他們通常擁有非常聰明的頭腦，以及極高的專注力。歷史上許多偉大的科學家，如愛因斯坦、牛頓，因具有亞斯伯格症特徵，而被懷疑是亞斯伯格症患者。

在陳蔚綺的觀察下，這個孩子正是具有聰明特徵的亞斯伯格症，智力表現佳，甚至可說是資質聰明，需要注意的異常狀況則是行為上的問題，經常在班上搗亂，待人處事相當我行我素，想做什麼就做什麼，如果他人不配合便會因此發怒。

有趣的是，讓他開始學習如何配合別人的關鍵，正是音樂。

看準這孩子個性好勝，又有顆喜歡音樂的心，陳蔚綺特別在課堂時與他進行「四手聯彈」，兩個人四隻手同時在同一架鋼琴上彈奏，師生兩人展開一段激烈又精彩的「鬥琴」。

起初，孩子並不理會老師的彈奏，自顧自地隨性彈琴，於是陳蔚綺故意加重音量、加快演奏速度，使他不得不注意到老師彈奏出來的聲音，進一步挑起他的好勝心，讓他嘗試努力跟上老師的節奏。不知不覺間，情勢變成是他配合老師彈奏的速度，開始學著用心去聽老師如何演奏，再調整自己的彈法，甚至會去猜想老師希望他怎麼彈。

利用充滿挑戰性的「鬥琴」成功抓住孩子的注意力，藉著在演奏中強勢地主導演奏進行，她希望讓孩子知道「不是所有事情都是他說了算」，要能懂得配合他人、關注別人，更幫助孩子培養和別人接觸的能力，學習等待、忍耐，而不是別人為了避免衝突發生，都得盡順著他的意。

故事之後，陳蔚綺成爲這位孩子的朋友。

與孩子相處的時光裡，除了一同藉著彈琴抒發，陳蔚綺也成為了孩子傾聽者，只要孩子願意說，她便會耐心傾聽。在孩子畢業多年以後，偶爾，她會在辦公室裡接到這位孩子的電話，與她分享最近的近況、聊聊天。

這段鬥琴的精彩故事，至今仍是陳蔚綺難忘的教學回憶之一。

♪

音樂的魔法奇蹟

「音樂只是一種媒介、工具，真正的目的是要改變孩子什麼，幫助他更好。」在故事分享之後，陳蔚綺轉換成理性的口吻這麼說。

二十多年來，持續藉由音樂在特殊教育界努力耕耘，陳蔚綺堅信音樂能為孩子開創無限的可能性。如果說，音樂的神奇魔法為孩子創造了無數個小奇蹟，那麼，持續用心以音樂灌溉孩子的陳蔚綺老師，就是為孩子帶來快樂與美好的魔法師了。

為台中特殊教育學校裡孩子們上的音樂課，陳蔚綺會考量不同孩子的狀況需求，設計不同的教學模式，並不是要孩子們把音樂學好，彈得流利、音唱得好聽、唱得準，而是讓孩子們透過音樂治療改變原來的行為模式、情緒反應與說話的方式，學習穩定自己的情緒、行為，減緩生理缺陷對他們造成的負面影響。

「是的，音樂是神奇的魔法。」長久以來，陳蔚綺多次親眼見識到，音樂在身障孩子身上超乎預期的正向影響，與一般孩子相比，身障孩子們確實更容易感受到音樂的療癒效果。

在音樂之前，他們樂於打開心房，勇於跨越身體的障礙，而音樂也賦予這些慢飛天使一對健壯的羽翼，乘著音符自由飛翔，飛向更加開闊的天空、擁抱更寬廣的世界。

總有一天，他們都能驕傲地站在人生的舞台上發光發熱。

♪ ♪ ♪

• 在台中特殊教育學校，和孩子們開心互動的音樂課。

第二章

永不放棄

用音樂療育，陪伴孩子踏上社會舞台

特殊教育的「特殊」二字，是相對於普通教育而論。

實際上，特殊教育服務的對象極廣，從視聽力障礙、智能障礙、肢體障礙、腦性麻痺、發展遲緩到自閉症等等，由專業的特教機構輔以特別設計的課程、教材、教法或設備，幫助特殊的孩子們進行日常學習，或是達到特定的學習目標。

音樂專業出身，成為特殊教育者，陳蔚綺所做的並不單是**「音樂療育」**，專業的音樂指導，更幫助身障孩子習得一技之長。她義務教導孩子們各項樂器演奏，利用課餘時間，幫助他們準備街頭藝人考試，成為獨當一面的表演者，踏上名為「社會」的舞台。

自二〇一一年至今，陳蔚綺協助了三十位身障學生順利考取街頭藝人證照。週末人潮聚集處，經常可見人群中那溫柔卻又堅毅的身姿，他們滿面笑容，演奏樂器讓音樂述說故事，分享快樂之時，交換一份收入，為可敬的生命譜出燦爛的樂章。

終有一天，特殊的孩子將不再只是孩子。音樂終將成為生命的火炬，點亮未來，也溫暖了世界。

只要溫熱的心還跳動著，便永不放棄。

桃花源裡的生命勇士

離開普通教育體系，轉而投身於特殊教育界，身障孩子對於音樂的純粹喜愛，給予了陳蔚綺莫大的感動與鼓勵。她曾描述自己在特教界深耕多年後，發現是走進了一片「桃花源」。

陳蔚綺任教近二十年的「桃花源」，台中特殊教育學校，簡稱為「中特」，座落於台中七期，遠離鬧區的喧囂，提供孩子們自在、舒適的學習環境。由於鄰近早先成立的特教機構已有啟聰、啟明學校，來到中特上學的孩子多半是智能障礙，或是患有自閉症、唐氏症、腦性麻痺等疾病。

智能障礙的孩子，就像居住在世外桃源的住民，也是持續不斷和命運奮戰的勇士。

生來就必須用一輩子承受的磨難，也間接造就他們天真單純的性格，不諳世俗的紛擾，概括包容了因疾病產生的苦痛。純真笑容的背後，是他們不甘被擊倒的拚搏，在在展現了比常人更為堅韌的生命力。

行經的成長道路勢必顛簸，但與音樂的相遇，就像在夜間旅途中巧遇的流星，劃破夜空後下墜，在他們的內心世界落地，剎那間，飽滿的能量炸裂開來，生命的新色彩奔湧而出，世界就此煥然一變。

音樂的力量不僅舒緩身心，更幫助他們養成日常的休閒興趣。接觸音樂之前，看電視和吃東西常是他們生活中比重最大的娛樂，沒事情做的孩子會尋求各種方式抒發、表達，偶而出現會破壞的行為。培養出對音樂的興趣後，他們開始會在家會聽喜歡的音樂，也不再隱藏他們潛藏的音樂才華；開始學習樂器後，閒暇時刻則會拿起樂器演奏，抒發心情。

音樂的陪伴之外，小勇士的身邊，總有家人傾注全心全意的愛支持著。

由於這些孩子常伴隨著學習或運動障礙的情形，從日常生活技能的養成、人際關係的建立，到技能知識的學習，需要家人長時間的關注和協助，擁有一顆耐得住消磨的無盡耐心是必須的；再來，接觸、學習音樂，雖能緩解孩子承受的苦痛，減少問題行為，甚至是為家庭緊繃的壓力減壓。然而，經濟狀況，也是身障孩子家庭的壓力來源之一。

普遍來說，音樂教育的學費不低，有些孩子的家庭經濟狀況並不寬裕，學習音樂的費用是不小的負擔。眼見此況，陳蔚綺因為深受孩子們對音樂真摯的情感所感動，她懷著惜才愛才的心，不向家長收取學費，義務教導具有音樂天份的身障孩子們學習音樂。

做為落入「桃花源」的音樂老師，陳蔚綺施以音樂的魔法栽培孩子，在他們顯露對音樂

• 中特街藝樂團，歡樂團練時間。

的天份時，她不辭辛勞，端出音樂教育的專業和熱忱，教導孩子們學習樂器。她會依照孩子狀況的不同，設計出適合的教育方法，進行個別指導教學，或是將孩子們組成樂團。

雖然論孩子的演奏能力，多數不及於專業水準，但這無礙於他們對於表演的熱忱，彷彿與生俱來的表演欲望，強烈得將他們推上更高、更大的舞台，他們的表演經常令人驚艷，聽眾深受他們的舞台魅力吸引，舉手投足間，充滿自信的姿態，是如此的光彩奪目。

陳蔚綺常笑說這些孩子是「愛現愛秀」，登上舞台，既不怕生，又勇於表現自己，不畏懼觀眾的目光，台下的掌聲越多，台上的他們越樂。反而有時候，會因為表現得過度自負而被她叮嚀提點。

接受音樂栽培的好處說不盡，其中最為務實的，是取得街頭藝人的證照。因為成為街頭藝人後，便可以在政府規定的場域公開表演，賺取打賞金，也就意味著孩子有機會自力更生。

有鑑於街頭藝人的收入不差，陳蔚綺開始輔導身障孩子考取街頭藝人的證照，項目囊括電子琴、手風琴、陶笛與爵士鼓等多樣的樂器種類。考試前的準備，不單是樂器的練習，也需建立穩固的台風，為使孩子熟悉在熙來攘往的公眾場合演奏，便特地帶孩子到台中街頭藝人的表演聖地——草悟道，進行實地演練。

每年春夏之際，是各縣市舉辦街頭藝人考試的季節，也是他們奔波、忙碌的時期。

在台中本地的考試，孩子們會共同租一輛小巴士，載著老師、孩子、家長和樂器設備，前往考場應試，互相照應、彼此鼓勵；若是個別到外縣市考照的規劃，則由家長帶著孩子個別應考。

多年來，經陳蔚綺輔導而取得街頭藝人資格的身障孩子超過二十人，她將他們的音樂才能，從興趣培養至工作專業，藉由樂器表演賺取收入，減輕家中的經濟負擔，未來也能以此謀生，拓寬了身障學生就業發展的可能性，每一張證照都是她與孩子共同努力的心血結晶。

來到中部一帶的知名景點，我們經常可以聽見他們的樂聲，尋探一番後，不難在人群裡發現，一道揮灑熱血、專注表演的堅毅身影。

他們是生命的勇士，也是以音樂稱霸街頭舞台的小霸王。

♪

擊破逆境的爵士鼓手

一生中，或多或少都有與樂器接觸的經驗，因此我們知道，單純讓樂器發出聲音是容易的，但用樂器完美詮釋一首曲子，不是依靠天賦就能辦到，而是需要一段學習過程以及長時間的練習。套用常描述表演藝術者辛苦的一段俗話：「台上一分鐘，台下十年功。」

然而，之於先天條件處處受限的身障孩子們，當我們欣賞他們精湛演奏的同時，是無法輕易地明白，在演出的背後，他們是用了多少淚水與汗水換取那台上一分鐘的燦爛。

• 王冠峻在音樂教室練習爵士鼓。

二〇一七年冬天，於中特舉辦的國際身障者日慈善晚會，極具巨星魅力的鼓手冠峻，在舞台上帥氣的揮動鼓棒，落在爵士鼓上的每次打擊都是鏗鏘有力，鼓聲敲進聽者的心扉，引起共鳴，手起棒落，俐落擊鼓的動作像是華麗的舞蹈，結合聽覺與視覺的精熟鼓技，讓台下的觀眾深受吸引，目不轉睛。

看著在台上豪氣萬鈞的冠峻，很難相信，他是位有聲障、肢障、智障與其他多重障礙的孩子，被醫生診斷為罕病的亞伯氏症，成長過程經歷大大小小的手術。出生時，冠峻的頭蓋骨未發育、顱顏畸形，2歲時進行腦部手術安裝人工頭蓋骨；手與腳指間的皮膚會增生，像是長出蹼一樣，手指無法彎曲，必須定期動刀分離，一次次體驗著撕裂又癒合的疼痛。

層層疊加的磨難，未讓冠峻的人生就此妥協，非但如此，進入中特高職部後，班導師發現他對節奏感的敏銳度，開始協助、指導他學習爵士鼓，自此音樂在他生命裡占據一塊重要地位。雖然看不懂鼓譜，但千百遍的練習終將化作身體記憶，兩者融而為一，就算練習到手腫皮破，冠峻仍持續堅持著，如今已是架勢十足的爵士鼓手。

習鼓約莫一年不到的時間，冠峻挑戰全國心智障礙者才藝大賽，技驚四座，奪得青少年組個人冠軍，而後也在指導爵士鼓的老師與陳蔚綺輔導下，成為樂團鼓手，陸續考取街頭藝人證照，經常受邀出席各重慈善音樂會的演出，於聚光燈下一展鼓藝，將他的積極樂觀能量傳遞給每一位聽眾。

歷經逆境的打磨，冠峻炙熱而耀眼的靈魂，就如同他所擊奏的鼓聲般令人沸騰，終使他撼動了評審的心，在二〇一七年獲得總統教育獎的肯定。

吹奏悠揚陶笛的精靈

• 至草悟道，欣賞周以嘉的街藝展演。

得知辛苦懷胎十月誕下的孩子，將用一生承受上天降臨的考驗，最心疼的莫過於孩子的雙親。隨著歲月推移，含辛茹苦地養育孩子成人，而當孩子從特教學校畢業後，能否擁有一技之長謀生，又是雙親最擔心的一件事，畢竟父母很難一輩子都陪在孩子身旁。

而今，成為街頭藝人，是這些特殊孩子常見的出路選項。在這條路上，他們往往比許多人更熱愛、更努力，更渴望用自身的力量分享喜悅與美好給全世界，也用勇敢的生命向大家證明，他們能夠做到的遠遠超乎世俗的界限。

置身於流光溢彩間，頭戴紅色頭巾的女孩在燈火下吹奏著悠揚樂曲，只見圓潤的手指輕快地跳動，陶笛溫潤細膩的笛音繚繞於清幽的夜色裡，吸引往來的過客駐足聆聽，並在樂曲結束之時為她投下一份溫暖回饋，而她則回以一張燦爛的笑顏。

這位可愛的女孩叫做以嘉，是一位囊括全台二十一張街頭藝人證照的陶笛演奏家；但她的另一個身份，是唐寶寶，唐氏症的患者，而反應在以嘉身上的是智能障礙和先天性心臟病。

於高中就讀時，喜歡音樂和表演的以嘉和陶笛相遇了，而後她克服唐氏症患者手指短小、不靈敏的缺陷，從零開始，一點一滴緩慢而努力地學習吹奏陶笛，從節拍、音階到完整樂曲吹奏，花了比常人多上數倍、數十倍的時間去強記樂譜、學會技巧，直到能站上舞台自信而交融地演奏出天籟之聲。

母親至始至終守護在以嘉身邊，陪她學習、克服難關，更和以嘉一起環島台灣，到各縣市參加街頭藝人考試，歷經五年的奔走，順利考取的證照已累積至 21 張，可謂全國唐寶寶的街頭藝人之最。但以嘉與母親未以如此成就自滿，以嘉在街頭表演所得的賞金收入，有部分移作公益捐款，於自我實現的之時，盡一己之力回饋給其他等待援助的對象。

這般溫柔的靈魂，不僅使得以嘉的表演真摯動人，也讓表演時的她看起來更為閃耀。她面對生命堅忍不拔的勇氣，也隨著她的成長，逐漸被更多人注意到，更於二〇一六年獲頒第十九屆周大觀全球熱愛生命獎，為她不凡的人生寫下一筆驕傲的紀錄。而在對著鏡頭接受訪問，被問及是否曾因學習吹奏樂曲困難而想放棄時，以嘉毫不遲疑地答道：「我不會放棄的，因為我很喜歡陶笛。」

不論是人生還是音樂，縱使行進在顛簸蜿蜒的曲道之中、寸步難行的荊棘叢裡，她的自信與勇氣都在過程間被磨得更為剔透晶亮，耀眼得像是陽光下閃閃發亮的音樂精靈。

♪

搭建生命教育的舞台

若拿每個人的命運互相比較，永遠都有更幸運的際遇，反之亦然。

在身障孩子們身上，陳蔚綺用心投入的教導和陪伴，並非出自「可憐」之情，而是受到他們閃爍的音樂之魂感動，鑄造出她奉獻特殊音樂教育那股「舍我其誰」的強大使命感，她堅信這些孩子的音樂潛力，更篤信他們的生命既值得更必然會創造出美好的事物。

• 帶中特街藝樂團到台中榮總醫院安寧病房進行公益義演（上圖）
• 帶中特街藝樂團到老人院進行公益義演（下圖）

以往，身障的孩子容易被主觀視為是「被幫助」的角色。這樣的觀念或許為孩子們帶來更多資源，卻在不經意間連帶影響了他的家人和親近的人，在不知不覺中養成一種固著僵化的想法——「被幫忙是應該的」，當遇到不如意之事，變得容易怨天尤人。

「要感謝周遭幫助你的人，其實大家沒有應該或必然要這麼做的。」不希望孩子將他人的幫助視為理所當然，平時練習樂器、鼓勵孩子的同時，陳蔚綺耳提面命地提醒孩子懂得感恩。演出結束後，她會向孩子們說道：「音樂會要謝謝爸爸、媽媽、老師、同學，是大家一起成就了你們。」

不論什麼領域的教育，生命教育的重要性永遠無可撼動。

陳蔚綺的音樂教育，並不單是為了培養孩子們的音樂表現，更重要的是要體現每個生命價值的真諦。透過音樂，連結人與人彼此間的靈魂，她將孩子帶出校園的小天地，真真切切地踏上社會的舞台，證實生命的存在意義和價值。

她告訴孩子：「你們也可以幫助其他的人。」

每個人都是不同的生命個體，體現生命價值的方法有百百種，身障孩子的能力也許有限，但做為樂器演奏者，能做到的事已足夠多了。

• 帶中特學生參加台中市街頭藝甄選，老師親友團陣容龐大。

課外時間，陳蔚綺帶著孩子們公益義演，所到之處遍及中部地區的社福單位、醫療機構與政府機關，像是台中育幼院、仁愛之家老人院、台中榮總安寧病房、台中慈濟醫院、台中戒治所等，將音樂的溫柔療癒力分享給渴望溫暖的人們。

每一次義演，老師、家長與孩子都用心準備、全力以赴，表演曲目的安排也毫不馬虎，有獨奏也有重奏，還準備了必要且充足的設備和器材，配合不同場地的條件需求，要確實給予聽者具水準的聆聽體驗。

曾有一次要到苗栗義演，一位全盲學生的母親遇到的一段情節。

當他們提著大包、小包的樂器和器材，準備出門，撞見的鄰居問道：「你們要去哪裡玩啊？」母親回答：「我們要去做公益表演給育幼院的小孩子看。」

沒想到，鄰居聽言後露出驚訝的神色，反問：「你們也可以做公益喔。」

當然，需要幫忙的人也可以幫助別人。

如同音樂不只是聽覺上的刺激，它是我們生活不可或缺的調劑，是休閒興趣，是專業能力，更是身障孩子們一雙美麗的翅膀，讓他們得以自由自在飛翔於廣袤無比的穹蒼之間。

♪

孩子們的經紀人

「特殊音樂教育很少人走，自己堅持在這條路上，覺得當特殊教育老師蠻幸福的。」

問起從事特殊教育的辛苦，陳蔚綺總是平淡帶過，滔滔不絕分享的，盡是從孩子們身上獲得的幸福與收穫。

每一位孩子的優點和成就，陳蔚綺如數家珍，她笑稱自己是這些孩子的「經紀人」。她會對不同孩子個別量身定做教學計畫，仔細記錄孩子們的學習歷程、演出經歷和獲獎紀錄，從文字到照片一應俱全。

瀏覽陳蔚綺的社群網站，貼滿了與孩子們的合照，照片裡師生的笑容如陽光般燦爛，時而搭肩、時而勾手，或是擺出無厘頭的搞笑動作，和孩子們玩在一塊兒。這些照片拍攝的背景可能是學校課堂、演出場合或是比賽後台，只要是孩子的重要時刻，她都不想錯過，都想法子留下 記錄。

這麼一看，與其說是經紀人，陳蔚綺倒有些像是孩子們的超級粉絲呢。

多年來，陪伴眾多身障孩子乘著音樂飛行，與孩子們共同累積的成績逐漸被越來越多人看到，獲得的榮耀和獎項逐年增加，但孩子們的生命依舊不斷前進，每一年與更多的學生相遇，特殊音樂教育的生涯旅途沒有停歇的一天。

縱使有燃燒不盡的熱忱，憑一己之力能完成的目標畢竟有限，若想為更多的身障孩子服務、創造更好的音樂舞台，需要的人力和資源是永遠的不夠，卻又苦於沒有適當的名目接收外界的贊助支持。幾經思量後，陳蔚綺邀請志同道合的夥伴，成立「社團法人台灣身心障礙者音樂關懷協會」，並出任協會的理事長。

協會成立後，她更積極為孩子們開拓新的道路，籌辦多場的大型音樂會和個人音樂會，大小事都盡可能事必躬親，目的就是做得好還要更好，陸續順利舉辦過關懷身心障礙者慈善音樂會、網銀基金會慈善音樂會、生命交響樂慈善音樂會等。另外，她也注重與外國的音樂交流，因而舉辦了台日唐氏症交流音樂會、台日身障者鋼琴交流音樂會等。就連國際性賽事，也納入協會的工作項目，每四年舉辦一次的「國際身障鋼琴大賽」，在台灣的國內選拔賽即是由協會主辦，選手名單出爐後，也是由協會帶團遠征國外參賽。

這些付出，遠遠超出一位特教音樂老師的職責所在。

細數特殊教育生涯至今的成就，陳蔚綺可謂是無人能出其右，她改變的，不僅僅是身障學生的音樂表現，而是台灣身障學生音樂教育的可能性。但對她來說，榮耀與獎項僅是途中經歷的里程碑。

放眼未來，陳蔚綺想做的事情還有很多。

♪ ♪ ♪

第三章

音符開門

突破黑暗，盲生鋼琴教育的曙光

黑暗中，音符泛起了漣漪，樂聲持續在生命裡迴盪。

音樂雖無法以視覺描述，卻確實存在於世界的每個角落，為人們帶來幸福；視障的孩子們，雖然無法以視覺認識世界，仍能透過其他知覺體會世界的美好，甚至能演奏音樂，為世界帶來感動。

陳蔚綺以音樂教育服務的對象，不限於特教學校內，下班後的時間，幾乎都奉獻給了喜愛音樂的身障孩子們，教導孩子們如何演奏樂器，也為他們的未來生活開闢出更寬廣的可能性。在特殊音樂教育界，陳蔚綺著名的成就之一，是教導「盲生」彈奏鋼琴。

懷有學習與教學的強大熱情，面對眼睛看不見的孩子們，陳蔚綺並未受阻於教學上的困難而放棄，而是自行研究、設計出特殊的教學方法和教材。二十多年來，教導多位盲生學習鋼琴，培育出具專業級演奏能力的小音樂家們，征戰各種賽事，獲獎無數。

不過，真正讓陳蔚綺感到得意的，是孩子們的音樂。減去視覺干擾，盲生敏銳的聽覺，將每顆音符仔細雕琢，化作更為細膩、乾淨的美麗音色，釀造最純粹而美好的音樂。

她說，這些孩子們的音樂，是銘記在身體裡的。

穿越黑暗的音樂教育法

在孩子們學習力正強的成長階段，不少家長會讓孩子學習音樂、演奏樂器，當作興趣和才藝的培養，坊間不乏音樂教室或音樂家教，可以依個人情況選擇合適的課程和師資，只要時間與經濟狀況許可，學習音樂的門檻不會太高。

然而，相對於一般人，身障孩子們的音樂之路，往往是荊棘塞途。

盲生學習鋼琴，同樣不容易。

回想過往的學習經驗，利用視覺接收資訊、進行學習，之於明眼人而言是如此理所當然，但在渴望學習的視障者身上，卻非如此。因為無法藉由視覺獲取外界的訊息，他們多是利用觸覺、聽覺來學習，常見的教材，像是點字書、錄音帶等，又由於資訊轉譯成點字需消耗大量的資源和時間，點字傳遞訊息的效率遠比普通文字差，視障者在各個領域的學習資源還是有限。

即使是音樂，這種以聽覺組成的領域，一般學習音樂的人仍大多從視覺開始，從樂譜認識五線譜、音符與各種記號的長相和意義，先學會讀譜後，才懂得演奏。音樂老師普遍採用的教學方式，多半是以視覺出發，知道如何教盲生學習音樂的老師，是可遇而不可求。

總統教育獎得主之一的張晏晟，是陳蔚綺第一個全盲的鋼琴學生，多年來，更是她的得意門生。在晏晟成為她的學生之前，晏晟的父母就曾為尋找適合的鋼琴老師而四處碰壁。

起初，雖然受過長年的音樂訓練，並投身於特殊教育界，擔任特教學校的音樂老師，但談及視障者的鋼琴教育，陳蔚綺也並非一開始具有相符的專業能力，當時尚未有既定的教學方法可以參考，自然也無教材可用。

出於對音樂教育的熱忱，以及對孩子們的疼惜，她接下這份教育生涯中的挑戰，往後的數年間，不辭辛勞地，在盲生鋼琴教育這塊冷僻又缺乏資源的領域，持續耕耘，她所貢獻的時間和心力，在台灣，早已是無人能及。

開創嶄新的教育方法，沒有捷徑可抄，必須累積教學實戰的經驗，慢慢養成，做了就會了。於是，陳蔚綺從解決學生單一的問題開始，每當盲生練琴遇到瓶頸，彈不好、彈不順的地方，就是建立新教法的關鍵時刻。

這段期間，陳蔚綺彷彿從鋼琴老師轉職成發明家，面對學生在習琴所遇的困難點，她會先探究問題的癥結所在，嘗試不同解方，協助學生突破關卡。累積長期的教學實務，觀察學生的學習曲線，從中抽取具有價值的經驗，她逐步發掘有助於盲生學習鋼琴的教學方法，最後，集結成一套「盲生鋼琴教育法」。

盲生鋼琴教育法

兩部鋼琴上課，全程錄音，新曲一段段樂句聽奏，最後整曲彈奏，回家練習時聽上課錄音練習。

一、以老師彈一句，學生彈一句的方式進行，練熟之後，老師與學生一起彈奏，學生仔細聽老師的彈奏並模仿跟隨之。

二、彈鋼琴要注意手形及彈奏方式，可將手放老師的手上感覺其彈法，強音及弱音的使力方式也可由老師抓學生的手感受一下如何用力與放鬆。

三、肢體動作的表現老師可以奏扶學生的肩膀或手臂，隨音樂自然擺動以協助彈奏。

四、視障生常怕將手離開琴鍵而找不到位置，可加強斷奏彈法，突破心裡障礙。

五、遇到音的距離很遠的大跳部份，可用八度找法及左右手分批移位法反覆抓距離。

六、將每一曲練習流暢，不要有因要找音而拖拍的情形。

七、音色的細緻度可仔細揣模，老師可以用比喻的方式讓抽像具體化。

八、指法方面老師要以唸出的方式多留意。

陳蔚綺自創的盲生鋼琴教育法，總結其特別之處，在於「兩架鋼琴」與「全程錄音」。

準備兩架鋼琴上課，是為了學生和老師可以在同時彈琴。學習新曲子時，盲生可以輕鬆跳過識譜的階段，聆聽老師彈奏的琴聲、口述的指法，用身體記憶聲音、用腦袋學習演奏；課堂全程錄下的錄音檔，是重要的課堂筆記，課後反覆播放音檔複習，練琴時用來檢驗彈奏的音準、節拍和音色是否正確，是幫助學生增進琴藝的關鍵。

這套教育法的難度可分成兩種等級，尚未或剛開始學習音樂的初階；以及具音樂底子與彈奏能力的進階。

初階，即是針對剛開始學習音樂或初次接觸鋼琴的初學者，通常先從鋼琴的音階練習開始學習。演奏鋼琴時，僅靠觸覺是無法分辨琴鍵聲音的高低，頂多從琴鍵的凸度分辨白鍵和黑鍵，因此，當盲生在鋼琴前就定位時，陳蔚綺要求學生先找到「中央Do」這個音，再從「中央Do」向兩側移動手指練習音階，由高至低、由低至高。而後，逐漸增加難度，練習單旋律的聽奏，再試著為旋律加上簡單的伴奏。

進階的教法，則是給已經學琴一段時間，具有一定音樂知識和演奏能力的學生。主要的教學方法，是老師先彈一句，學生再跟著彈一句，將旋律記起來；稍微練熟之後，老師再與學生一起彈奏，但這時學生必須仔細聆聽老師彈奏的琴音，除了把音彈對、彈準，還需盡可能地模仿老師的音色，注意強音、弱音的變化，以及手部的用力與放鬆，將樂曲表現得更為流暢。

多年來，培育許多優秀的視障音樂家後，這套盲生鋼琴教育法的成功，無庸置疑。

談起陳蔚綺對自創教育法的信心和肯定，有一段不能不提的小故事。曾經，她偶然在網路平台上發現一段訪問影片，記錄了日本知名的全盲鋼琴音樂家辻井伸行的練琴過程。動態影像裡，辻井伸行的鋼琴老師，日本大學頂尖的音樂教授，同樣準備了兩架鋼琴授課。由此可證，英雄所見略同，採用相似的教學方法，讓她備感欣慰與驕傲。

♪

音樂開啓的第二扇窗

引用一句常見的諺語，「上帝為你關閉一扇門，必會爲你開啟另一扇窗。（"The Lord does answer prayer and that when one door closed another door opens."）」。

當孩子們的靈魂之窗覆上了黑，世界便賦予他們創造天籟的才能。

長年陪伴著盲生學琴，這些孩子們的優點，陳蔚綺了然於胸，在打磨寶石的過程，更發現他們與眾不同的天賦。

雖然受到視力不佳的限制，求學階段，盲生常處處受阻於無形之牆。可是，當他們踏進了音樂領域，相較於多數的學子們，免於外在各種視覺資訊干擾，對聲音擁有優異的敏銳度和學習能力，非但進步與成長速度驚人，經培訓後的演奏實力，也絲毫不遜色於明眼人。

劣勢轉為優勢，聽覺，是被開啟的第二扇窗。

實際拜訪陳蔚綺的家，客廳即是她爲盲生上課的鋼琴教室。

這一天的學生是紫羚，她從小二開始跟著陳蔚綺學習鋼琴，現在已經是亭亭玉立的少女了。放學後來上課的她，穿著白天上學的國中制服，頭髮梳成可愛的小馬尾，帶著淺淺的微笑坐在鋼琴前。

上課必備的兩架鋼琴，呈一個巨大的く型置於客廳近玄關處，紫羚的鋼琴靠近大門，陳蔚綺坐在右方的琴椅。鋼琴四周的櫃子和書架上，陳列著各種造型、金銀銅鐵色的獎座，是

• 在家中指導楊紫羚鋼琴。

她與孩子們共同的榮耀象徵。

準備上課了。

紫羚從外套口袋拿出錄音機，白色簡約的造型，像個時尚小配件。她將錄音機放在鋼琴上的平台，壓下錄音鍵，然後安靜地坐好等待。陳蔚綺從一旁的背袋裡取出樂譜，以及記錄學生課堂進度的本子，翻頁看著上頭的筆記，將樂譜擺上譜架，再調整節拍器的速度設定，指示紫羚開始上課。

每一堂課的開頭，是從基本的音階練習開始。早就將音階練習曲熟記心底，跟著節拍器的喀喀聲響，紫羚快速地敲奏琴鍵，順過由高而低、再由低而高的音階，為手指做了充分的暖身操。

完成幾組基本練習，課程中段進入新曲的練習。只見陳蔚綺攤開樂譜，一面看譜、一面示範彈奏。每彈完一個樂句，下一秒，紫羚就能拷貝剛才她所彈出的內容，一模一樣的音準與節拍，像是倒帶重播一樣。唯一的不同之處，是存在於聲音中，基於不熟練而產生的些許遲疑。

整個教學，基本上是重複著老師彈一句、學生彈一句的過程。每教完一個段落後，陳蔚綺會將完整的旋律彈奏一遍，再讓紫羚跟著重現一遍，以此將原本分散的樂句們串接起來，組起整首曲子的一部分，再接著繼續學下一個段落。期間，偶爾陳蔚綺會出聲，或用實際彈奏，提醒需要注意的強弱音變化、指法或跨音等細節。

有趣的是，一旁觀看師生兩人的演奏，竟覺得學生的動作似乎比老師來得輕鬆愜意。

仔細觀察，也許是因為學生完全不用看譜的關係吧。每隔幾個小節，陳蔚綺會稍微彎下身子，低頭瞄過譜上的音符，繼續彈奏。反觀紫羚，從頭到尾，雖是腰桿挺直地正坐，但一點也不緊繃，僅用耳朵專心聆聽的老師示範，就能輕鬆地彈出相同的聲音。

事實上，許多學習音樂之人無法做到這一點，若說這是盲生的絕對音感，一點也不為過。這份不受外物干擾的愜意，在某些意外時刻，也能發揮很好的作用。

陳蔚綺憶起一段故事，曾有一次課上到一半，遇到突如其來的大停電，當室內光線被抽走的瞬間，看不到譜的她停下演奏，在一片慌亂之中尋找可以照明的工具，同一時間，相對於老師的慌亂失措，盲生卻絲毫不受影響，仍在黑暗中繼續彈琴。

那次的停電意外，回想起來，或許是有趣好笑；但另一個故事，卻是羞愧。

人的大腦記憶是有限的，很難將所有學習過的事物永遠記憶。再資深的音樂老師也沒辦法將世上所有彈奏過的樂譜背熟，看譜彈琴本應是件理所當然的事。但在不靠視覺學習的盲生身旁，卻好像無法再繼續理所當然。

一份樂譜之於盲生，是無用而多餘的物件；之於教導盲生的音樂老師，不知不覺間，成為一種尷尬的存在。

事情發生在某次的練琴時光，當陳蔚綺正和學生彈琴彈得投入，視線追逐進行的樂曲到了樂譜的頁尾，需要翻譜才能繼續，她便和學生說了句：「等一下，老師要翻譜」。話衝出口的瞬間，學生還沒做出反應，她反倒被自己這脫口而出的話嚇了一跳。在從來不需要看譜的盲生面前，身為老師的她，竟然還因為需要翻譜，而打斷了跟學生的共同演奏。

「翻譜」這件稀鬆平常的小事，卻在當下，成為卡在心口處一團難以化解的慚愧。

時隔已久，再描述這段往事時，陳蔚綺的語氣掩不住激動，除了當時難受的羞愧，或許再次證明了她對於盲生鋼琴教育的使命感，是如此強烈、如此執著。

♪

指導盲生的難題

越過學習鋼琴的最初的門檻，具備基礎的演奏能力後，如何使演奏更加完美呢？

一場精彩的音樂演出，除了享受音樂家精湛的琴藝，還有演奏時的神情與姿態，隨著樂曲的調性，時而輕巧優雅、時而激昂狂暴，舉手投足間，散發出強大的氣場。每個細微動作，都在塑造音色的模樣；每顆乾淨音符，都在描繪樂曲的世界，凝聚起來，達成聽覺和視覺並重的完美演出。

問及盲生在鋼琴表現上的弱點，陳蔚綺思忖了一會兒，表示，最難傳達給盲生的，是彈

• 指導張雅恩彈鋼琴。

奏鋼琴時肢體動作的力量表現，像是做出帥氣地甩手動作為演奏收尾。

探究其根本原因，如同他們的優點，也是因視力所致。於無法以視覺觀察他人演奏的動作，盲生很難學習、模仿肢體的動態和力道，以致於當某些樂曲需要以十分的爆發力彈奏，他們可能只做得出六、七分。

對此的解方，即是靠「觸覺」感受力量的傳遞。

遇到需要大幅度動作的演奏，陳蔚綺會在彈奏到特定的段落時，順勢伸出手使力推動盲生的肩膀，透過力量的傳遞，告訴他們力量如何運用，隨著動作力量的改變，音色會如何受到影響。若是著重在手部形狀，以及強弱音的練習，陳蔚綺會將孩子的手放在自己的手背上，雙手交疊，實際示範彈奏，盡可能地幫助盲生用身體去感受力道、用聽覺去理解音色的變化，學習揣摩動作，雕塑出更為細膩動聽的音色。

這種教法，比起聽覺的直接性，以觸覺傳達力量的教法相對不那麼有效，因此在引導盲生做出這類注重力量的彈奏方式，通常需要花費比較多的時間。不過，時間換取的不只是如此，藉由與學生的碰觸互動，師生雙手交疊的溫度，從中為雙方培養深厚的信賴，成為使樂曲完美的養分之一。

而從前面所延伸的影響，還有一點，也是盲生的小小罩門。

可能是沒自信的緣故，盲生會下意識懼怕大幅度收放的動作，導致彈奏時手的起落不過果斷，音色變得不好聽。

一般來說，當樂曲出現大幅度的音高變換，手部所需移動距離也隨之增大，演奏速度較快的樂曲時，勢必須要讓手在琴鍵上跨度跳移。

但是，就盲生的演奏情形，同樣無法藉由視覺確認琴鍵位置。當雙手離開琴鍵，容易遺失對音高的定位，手與琴鍵的距離和找音的準確度成反比。因此，為了避免彈錯音，他們會不自覺地迫使雙手緊黏在琴鍵上移動，導致曲子演奏起來太過黏稠，音符之間的間斷變得含糊不清，讓聲音聽起來不乾不脆，變得難聽。

陳蔚綺還發現，通常，當這類的問題發生時，盲生是處於沒有自覺的狀態，是經過她提醒才意識到問題的存在。當試克服問題的過程中，也常因為盲生不易察覺，較難在短時間內修正過來。

之於一位音樂演奏者，穩定的音準和節拍雖是基本中的基本，若求更高水準的表現，取決於演奏者對曲子的演繹能力，樂句間的強弱音轉換、雕琢音色所堆砌的情緒。呼吸之間，手指力道的拿捏、身體收放的調節等等，每個細微動作，都足以影響樂曲在藝術表現的精緻度，正是音樂家的功力所在。

盲生黏貼琴鍵的彈奏習慣，雖然能降低彈錯音的機率，情有可原，但為精進詮釋樂曲的能力，對志向是學習專業鋼琴的盲生而言，克服跳、跨音的演奏，仍是一門不得不修的功課。

為了建立孩子們的自信心，陳蔚綺設計了一套找音的SOP。利用手部的寬度做為量尺，運用拇指與小指快速地開闔移動，以每八度的距離找音，便能知道跨度的音的相對位置。實際應用一段時間後，這份恐懼有效地被消除了。

雖然偶爾，她還是免不了在上課時，叮嚀孩子們別再犯這個「壞習慣」。

視障音樂家的未來

每一位跟陳蔚綺學習鋼琴的盲生，都是她引以為傲的明日之星。

這些孩子個個具有音樂班的專業水準，音感極佳，對於音樂的記憶力超乎常人，善於創造透亮、乾淨的音色，將樂曲的音樂性做出細緻的呈現，是他們的強項。參加一般的音樂比賽，實力可以擊敗明眼人的孩子，屢次出賽都讓評審驚艷。因此，她也鼓勵孩子們可以挑戰較具難度的比賽，等級從地區、全國到國際性的比賽一路爬升。

然而，談論到孩子們未來在音樂領域中的發展，陳蔚綺的臉上驀地浮上了一抹憂愁。

孩子們憑藉深厚的音樂實力，幾年間，他們陸續考上普通高中的音樂班，也順利考入國內大學的音樂系所，和明眼的學生競爭，彼此切磋、成長。學業完成之後，這些孩子的音樂專業趨近成熟，進入社會就職的人生關卡接踵而至，迎來新的課題。

現行的音樂產業早不如過去活絡，只做音樂是很難養活自己的，即使具有豐沛的音樂才華、超群的演奏能力，若沒有遇到一位伯樂為你帶來機會，往往是被隱沒在黑壓壓的人群裡，沒沒無聞。

特別是盲生，離開校園，褪去學生身份的保護屏障，踏入社會，緊接而來的挑戰瞬間變得比以往更為嚴峻。

陳蔚綺的鋼琴學生，雅恩，原本夢想像她一樣成為音樂老師，卻在逐夢初期就被教育制度拒於門外，只因為她是全盲的視障者，沒有學校願意接受她的實習申請，只好換條路繼續走。後來，雅恩歷經三次的應試後，再次克服視覺障礙者的困境，成功考取了鋼琴調音師的證照。而後，進入台北視障者家長協會任職，負責點字譜翻譯的工作。

一路見證著孩子們在音樂路上的成長，如今破繭化蝶的他們，選擇未來的出路時，卻很難尋覓一個能使他們持續發光發熱的音樂舞台。懷著一身好本領，做為一個專職的音樂家，佇於舞台燈下汲汲營營，太過辛苦，還不知是否能有足夠的收入支撐生活；當一個自由的街頭藝人，置身於塵囂賣藝，卻又太過可惜，哪怕精湛的音樂表現總能在街角博得滿堂彩。

還有另一種可惜，是當他們習慣在街頭表演，那些欠缺細節也不求精緻的通俗流行樂，若再回頭演奏嚴謹的古典音樂，反而容易失了本色，削弱原本對音樂的敏銳度，忘卻如何將音色雕琢透亮，丟失了難能可貴的優點。

現階段，在家長、老師和孩子們自身的努力下，取得一個恰好平衡的解答。家長聚集孩子們組成團隊，對外接受邀請，或是經由陳蔚綺的引薦，在各種婚宴、尾牙和其他重要場合登台演出，表演曲目結合流行樂與古典樂的曲風，試圖在現實與理想間開鑿一道破口，延續孩子們的音樂生涯。

也許，沒有哪一條路是盡善盡美的答案。

唯獨對音樂的摯愛，至始至終，是引領他們方向的一盞明燈。

♪♪♪

第四章

讓愛飛翔

2013 年，維也納國際身障鋼琴大賽

國際殘障鋼琴大賽，如同運動員界的奧運賽事，每四年舉辦一次，是全球身障鋼琴家競逐桂冠的最高殿堂。

為了幫助孩子踏上世界舞台，二〇一三年冬季，陳蔚綺率團帶領九位台灣頂尖的身障鋼琴家，遠赴奧地利維也納參加第三屆國際殘障鋼琴音樂大賽。經過三天兩夜的賽程，不負眾望奪得三金二銀一銅的佳績歸國，成績斐然。

亮眼佳績的背後，他們承受著身體與心理的種種考驗。他們克服了本身的障礙及不適，經歷長途飛行後，踏上陌生的國度，首要面對的是時差、寒冷刺骨的氣溫，還有不同的語言和文化風情。

這趟遠征，是台灣身障鋼琴家們首次踏上世界舞台，不僅與國際眾多優秀鋼琴家在琴藝表現上較勁，還是難得與國外身障音樂家交流的機會。之於選手們而言，也是突破自我框限、茁壯成長的一場難忘賽事。

四年後，即將迎來第四屆國際殘障鋼琴音樂大賽，他們自然不會缺席。此刻，面對競爭激烈的世界舞台，他們已是蓄勢待發。

新生的羽翼，正準備一展翱翔。

羽翼茁壯之時

促使陳蔚綺籌辦協會，率隊帶孩子出征國際殘障鋼琴大賽的契機，可以回溯到約莫十年前。

二〇〇九年，她的學生，方晨和雅恩，就曾先行參加過第二屆於加拿大舉辦的比賽。當時，為了籌得足夠的旅費，陳蔚綺藉由舉辦音樂會等方式協助募款，順利送她心愛的兩位學生出國參賽。

可惜的是，由於她在中特擔任專任老師，學校固定的課程和工作量不允許她請假多天，因此，她沒能陪同前往。事後，她無法忽視內心的遺憾，渴望有機會去國外看看其他身障孩子的音樂演奏，身為教育實踐者的而燃燒的老師魂，也讓她好奇國外的視障孩子是如何學習鋼琴的。

身邊幾個琴藝厲害的孩子，已是台灣各賽事的常勝軍，國內能參加的比賽都參加過，也累積不少優異的成績。陳蔚綺想了想，帶他們出去國外見識見識，是時候了。

正當想法逐漸在內心堆砌成形，國際殘障鋼琴大賽的日本主辦人恰好來到台灣宣傳。

宣傳會上，日本鋼琴家的演奏讓陳蔚綺眼界大開。其中一位視障鋼琴家的演出堪稱完美，演奏的音色極為細膩，樂曲大小聲等細節表現做得很到位。

另一位特別的鋼琴家床次佳浩，則因為手術的後遺症，右半身完全麻痺，只能使用左手彈奏鋼琴。為了達到僅以左手進行演奏，這位日本鋼琴家的老師，研究出即使只使用左手，也能彈奏完整樂曲的教學法和樂譜改編方式。宣傳會的演出，也是特別將樂曲改編成專給左手演奏的彈法。

親眼欣賞到如此的特殊演奏方式，在陳蔚綺的心中留下了巨大的衝擊，使她更加堅定帶孩子們出國的決心。

一向有著驚人行動力的陳蔚綺，趕在第三屆維也納的比賽舉辦之前，她組織資源創建了台灣身心障礙關懷協會，並以協會的角色，籌辦國內身障鋼琴家的選拔賽，廣邀全台各地符合資格的鋼琴家參賽，由評審做出評選。而在入選名單出爐後，又是另一個任務的開始，陳蔚綺舉辦數場行前募款音樂會，做為選手們的熱身舞台，也為帶團參賽的旅費籌募資金，和大眾分享他們即將代表台灣出征的消息。

行前募款音樂會上，集結了台灣優秀身障鋼琴家們參與演出，暖金色的燈光照亮了舞台，

• 維也納大賽前，選拔賽及行前募款音樂會與選手們的合照。

• 前進維也納出征，台灣代表團的大合照。

沈穩內斂的黑色鋼琴佇立中央，參賽的選手們身穿正式的西裝、禮服，在琴前一展純熟的琴藝、大器的舞台風範，更顯現他們超脫身體障礙與年齡的淬煉靈魂；出色絕倫的演奏，真實地反映出他們與生俱來的天份和過往的努力。

從培養學生習琴到參與國際大賽，看著這些小小音樂家一路克服萬難、踏上世界舞台。當時，在募款音樂會的記錄影片裡，陳蔚綺驕傲地表示，和尋常人相比，這些折翼天使的音樂絲毫不遜色，非但如此，他們對於音樂的重視和執著，使音樂的藝術呈現更為細膩動人。她期盼，這些孩子在國際舞台上都能有更亮眼的表現。

二〇一三年的冬天，漂亮的羽翼已經長齊，背負起行囊與期待，陳蔚綺率領九位鋼琴家踏出國門，乘著巨大的銀翼，向歐洲出發了。

教堂裡的琴藝對決

前往北方的歐洲國度，位於奧地利的維也納，陳蔚綺是第一次拜見這座著名的音樂與藝術之都。

行前，她研究當地的住宿和交通，考量比賽場地的地理位置選擇飯店，盡可能於比賽間提供選手們舒適的休息環境。

飛機落地後，首先面臨的考驗，即是歐洲內陸的冬季低溫，對於長期生活在亞熱帶島國的孩子們，一時半刻難以適應，紛紛不禁將身子瑟縮起來。

稍作整頓，正式上場前，最重要的事情就是「練琴」。

為期兩天的賽程，他們是提前三天抵達維也納，在當地有額外的時間可以練琴。在同樣是音樂老師的友人引介下，陳蔚綺率領的台灣團隊順利跟著日本團隊租用的琴房一同練習，幸運的是，琴房剛好離他們下榻的飯店距離不遠，選手們可以步行前往練琴。

抵達後第二天的行程自然是待在琴房練琴，由於鋼琴的數量有限，經過安排，一天下來，九位選手每個人約有一個半小時的練習時間，先是適應在當地氣溫下演奏的手感，再平復長時間飛行所致的疲勞和緊張感。

第三天的開幕式，則在一片慌忙中度過。

初次踏進比賽場地，是一座古蹟教堂，非常古老且美麗，彷彿一位睿智的長者。

教堂內部的裝飾華麗，微光映出窗櫺優美的輪廓，耶穌釘於十字架上的雕像置於教堂深處，空間散發神聖而莊嚴的氣息。置身於這般如聖域的場所，不禁令人肅然起敬，而能在這樣的場域彈奏鋼琴，對來自台灣的音樂家們也是一次與眾不同的體驗。

同時，當天是選手們第一次碰到大賽時演奏的鋼琴。陳蔚綺還記得，那是一架極具水準的鋼琴，能感受到主辦單位在這方面的重視和用心。

在主辦單位的安排下，選手們有些許時間可以試彈比賽用的鋼琴。那時，排隊等待試彈台灣代表隊可說是聲勢浩大，相比於他國僅有兩三位的參賽代表，來自台灣的好手多達九位，更加壯盛了代表隊勇奪獎牌的信心。

第四天，賽事正式展開。

國際殘障鋼琴大賽的賽制較一般賽事特別，分成Ａ組和Ｂ組，Ａ組，又稱創作組，開放所有身心障礙的鋼琴家參賽，再以十八歲為分界成兩上、下兩類，選手需在五至十分鐘內的時間，詮釋貝多芬的第九號交響曲《快樂頌》，可以將旋律改編、創作，因此每個人演奏

• 晉級複賽的選手們。

的《快樂頌》都有其獨特的曲風和氣質；B組則為自選組，再依障礙類別分成六類項目，包含：智能障礙、視障、發展障礙、肢體障礙、聽說障礙、多重障礙，鋼琴家可以按照個人情況選擇合適的類別參賽，比賽選曲可以是古典曲或自創曲。

這次前往參賽的台灣身障鋼琴家，主要類別是自閉症及視障；陳蔚綺指導的學生，則有四位視障鋼琴家參賽。其中，方晨和雅恩都是第二次參賽，在前一屆加拿大的賽事中，方晨獲得技巧賞，雅恩獲得藝術賞的殊榮。

經過第一輪的初賽，台灣的九位參賽者中有六位順利晉級決賽。

其中，一位選手的表現狀況令陳蔚綺印象深刻，是來自惠明盲校的選手呂文貴，被大家暱稱為阿貴。

W

原本，阿貴在賽前練琴的表現狀況並不大好，師長們都暗自為他擔心。不過，正式登台演奏自創曲時，阿貴竟如音樂家上身一般，展現超乎水準的演奏，將《快樂頌》彈得奔放自由，又融合多樣的風格，時而古典婉約，時而爵士慵懶，整首樂曲的層次鋪陳得精彩，台下聽眾們可說是大飽耳福。

「真的是神乎其技。」再次回憶起被阿貴的精彩表現，陳蔚綺毫不吝嗇地如此形容。

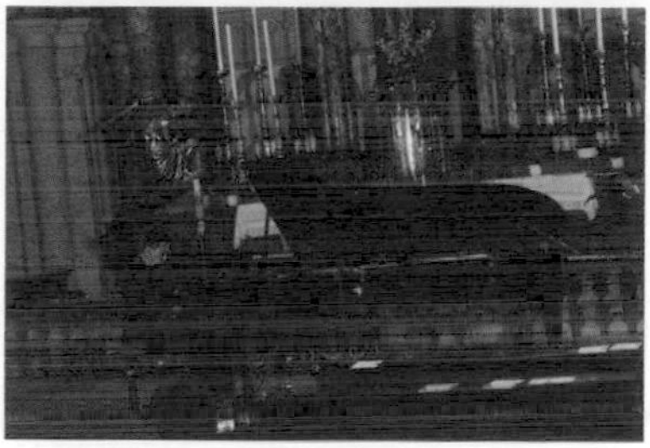

- 進入國際身障鋼琴大賽總決賽的 5 位選手，獲 A,B 組 3 金 2 銀 1 銅佳績。（上圖）
- 鍾方晨參加維也納國際身障鋼琴大賽。（左圖）
- 顧永鍇參加維也納國際身障鋼琴大賽。（左下圖）

轉而問起其他選手們比賽的情況，是否會因是國際大賽而緊張失常。陳蔚綺揮了揮手，笑笑地說：「他們都是沙場老將了，不大會緊張。」接著提到，視障孩子們反而還有個好處，因為他們看不見，周遭的狀況不容易對他們造成影響，台下的人數多寡，或是評審們的反應如何，他們不會知道，頂多是透過掌聲的熱烈程度來判斷聽眾數量和現場的回饋。

原來，他們穩健的台風是這麼形成的。

♪

遠征之途的考驗

回憶當年遠征歐洲參賽的經過，中間所遇到的種種難題，其實非關音樂或身障議題本身，多數是起因於人和制度層面的問題。擔任協會理事長率團，陳蔚綺在維也納遇到的突發考驗，事後想來也是各種驚險。

• 賽後歸國的記者會合照。

主辦國際殘障鋼琴大賽的單位，是由日本組成的委員會，由於是非營利組織，光是籌得舉辦比賽所需的資源，和其他的前期準備，就已是相當吃緊和辛苦。而有限的人力與經費，也間接反應在比賽制度和賽程規劃的細節，整體來說並不是那麼的完善，兩天賽程中的臨時變故，也讓居中負責所有台灣選手的陳蔚綺疲於奔命。

這場盛大的國際賽事，來自世界各國的參賽者約有五十人，加上賽制的種類相對複雜，因此賽程時間編排的重要性和實際執行的難度提升許多，導致這整場比賽最大的問題即是「時間控管」。

第一天的比賽準時展開，隨著時間流逝，選手陸續上台演奏，但現場卻未有明確的順序編排，僅能仔細聽取工作人員的點名準備上台。然而，比賽就一路進行到了晚間八點，主辦單位並未妥善安排用餐和休息時段，導致在場的選手、家長和評審們，最後皆是處於飢寒交迫的狀態下比賽。

更可怕的是，中間還發生一場驚險。因為工作人員使用的語言，既不是日文也不是英文，而是德語，在場的台灣團隊中無人能聽懂，資訊的傳遞出現隔閡，比賽行進的情況變得有些模糊。一個突然間，陳蔚綺無預警地聽到工作人員喊著方晨的名字，就要準備上台比賽，好在即時聽到，慌忙間趕緊恢復鎮靜，讓方晨順利走上舞台演奏。

晚餐時段過後，眼見比賽仍未有結束的跡象，為了不讓選手們餓著肚子上場，陳蔚綺和秘書只得趁著中間約莫一小時的空檔，從溫暖的教堂中離開，匆忙地奔跑至鄰近的地鐵站尋找食物，向車站前的攤販搜刮了一大堆的 pizza、麵包和果汁後，兩人抱著大包、小包的食物又朝教堂狂奔。當下已是日落之後，氣溫驟降，凍得雙腳發顫，好不狼狽。終於，千辛萬苦回到室內，卻又無奈地發現懷中的食物已經變得冰涼。

到了首日比賽尾聲，另一起突發狀況，則令陳蔚綺大動肝火。

當晚，主辦單位臨時改動了比賽方式，各個賽別獎項頒發的規則不同，有的項目會列金銀銅牌，有的則否，原本的比賽制度瞬間變得莫名奇妙。這突如其來又不明所以的更動，惹得陳蔚綺氣憤不已，夜晚回到飯店後，她在房間和日本的主辦單位通過國際電話反應，經過幾小時的溝通無果，掛上電話，躺在飯店軟床上的她，被內心遏止不住的怒意擾得無法入睡。

隔日的比賽，重複著前一天蠟燭多頭燒的狀況，陳蔚綺和秘書在教堂內的一樓至三樓間來回奔波。

樓下是比賽現場，他們準備錄影機，擺設在觀眾席，要錄下鋼琴選手們於教堂舞台上專注演奏的珍貴影像；樓上則是主辦單位事先準備好的練琴室，每位選手在上台前可以先在此練琴熱身。為顧及所有選手，他們就在三層樓間的距離內不斷走動，忙得焦頭爛額。

帶著三金二銀一銅的佳績歸國，在如此亮眼的成績背後，陳蔚綺不再只是音樂教育者的角色，一次的率團出賽，她所肩負的責任涵蓋之廣，從國內徵選、參賽報名、行前募款到預定機票酒店，乃至比賽當下大大小小、五花八門的狀況，她都必須面面俱到地妥善處理，所承受的壓力和耗費的時間、心神，絲毫不比代表台灣出賽的選手們來得輕鬆。

縱使體驗百般的辛苦和無奈，率團至海外參賽依舊是值得的決定，為陳蔚綺的特教生涯汲取了珍貴的知識和經驗，同時幫助她實踐帶領孩子們踏出舒適圈，開拓視野、精益求精的目標。

特殊音樂教育的世界裡，成長，不僅是孩子的事，也是她一輩子的課題。

異國歸來的成長

大賽結束後，經歷一趟海外登台的寶貴經驗，自然而然地，孩子們也有了不同的體悟和轉變。

能在選拔賽中脫穎而出的代表選手，多半在國內已是戰績豐碩的優秀鋼琴演奏者，對於音樂擁有十足的自信心。然而，離開自己的國家來到世界級的殿堂，與來自各國的優秀好手一較高下，整體大幅提高的音樂水準，要能擊敗眾多敵手奪得獎項，絕非易事。

更遑論得牌與否，有時靠的不單是實力，也得仰賴運氣。

學習任何事物都卯足全力的雅恩，很遺憾地，未能於這場國際賽事中得獎。賽事結束還停留在維也納期間，她一直處於沮喪的狀態，最後一天的遊玩行程也難見到她的笑容。直到

♪

回國後，雅恩的心情仍難以平復，比賽失利的結果，使她受到不小的打擊，甚至影響她對古典鋼琴的喜愛和熱忱，在她心上留下了一道傷口。

榮耀歸國的慶功宴上，對比獲獎者的喜悅之情，雅恩忍不住難過得落下淚水，讓陳蔚綺相當心疼，陪伴在她身邊，持續安慰她、幫她打氣，希望她早日放下悲傷的心情，重新振作。

後來，雅恩的音樂之路當然沒有因一次的失利就斷掉。她重振旗鼓，在繁重的課業與熱愛的音樂間，依舊全力以赴，不但從新民高中的音樂班以優秀的成績畢業，而後順利進入中國文化大學的音樂系就讀，主修鋼琴、副修聲樂，持續在音樂世界裡精進自己，往成為的音樂家的夢想前進。

另一位鋼琴選手，彥豪，當時做為年紀最輕的的參賽者，在競爭激烈的鋼琴大賽中成績並不理想，對原本就是對音樂執著且極具自信的孩子而言，不免受到了一些影響。

但身障孩子的一大優點，就是有不容易被擊敗的堅韌性。此次的打擊自然也打不倒彥豪，這份不甘心在之後進化成為他的新力量。二〇一五年的亞洲泛太平洋身障鋼琴大賽，陳蔚綺特地帶著彥豪前往日本參賽，並鼓勵他為自己創作樂曲，試著闖出一番名號。

沒想到，自此之後，彥豪愛上了創作，不但在亞洲大賽中贏得銅牌獎項，尋回自信與榮耀，竟然轉型成「創作才子」的路線，做了許多動聽的自創樂曲，熱衷於嘗試各種類型的音樂創作。現在，偶爾還會被陳蔚綺提醒不要對創作太過上癮，還是要穩固原本古典音樂的基本功，不要生疏了。

任何賽事，無論得獎與否、排名如何，從中習得的永遠都是別人沒有、也奪不走的，只有親身經歷過才能體悟箇中滋味。勝利的甜美固然使人歡喜，然而，落敗的遺憾與不甘心，往往是激發進步的動力。

更何況，這些身障音樂家品嘗過的挫折，過往日子裡可沒少過。面對考驗，他們總是能展現無與倫比的勇氣和韌性，克服每一道關卡。當旁人還在庸庸碌碌之時，就已訂下未來目標，堅定而筆直地朝著夢想前進，步步踏上頂尖的國際舞台，為自我生命價值贏得喝采。

♪♪♪

第五章

愛樂家族

陳蔚綺與九位總統教育獎得主的故事

曖曖內含光，逆風茁壯的音樂家

二〇〇六年得主　張晏晟

蔚綺老師聊晏晟

晏晟是我第一個鋼琴盲生，也是第一個總統教育獎的得獎學生。一九九八年開始，從他大班到國三，教他彈琴超過十年。

剛開始教晏晟時，他因為治療而扎著針灸的針來上課，令我印象很深刻。晏晟非常喜歡上鋼琴課，有次我臨時有事不能上課，媽媽轉達後晏晟還不大能接受，最後是我在電話中親自向晏晟解釋、請假，聽著話筒裡他因為失望而啜泣的聲音，其實覺得很感動。

當年，晏晟要換鋼琴老師的時候，其實很不能接受，還因此哭了。畢竟教了那麼多年，又是第一個學生。那時，可以說是自負吧，我內心是認為只有我才能夠教晏晟鋼琴。雖然沒教他很久了，但我知道晏晟一直有把我放在心上，很多場合或是接受訪問晏晟都會提到我。

晏晟小六時就開過個人音樂會，當時被大家稱做「神童」的，曾讓他變得驕傲，我就會提醒他，要懂得謙虛和感謝，也希望大家把焦點可以聚焦在他對音樂的努力上。

畢業後，晏晟比較少參加大型演出跟比賽，他是很有天份的孩子，我期待他可以再次大放光明。

一位成就非凡的音樂男孩，小小年紀就被譽為「神童」，才二十出頭，就已舉辦過上百場的音樂會，更是過去各大音樂比賽的常勝者。

對於外在加諸於他的強烈讚譽，他總是謙虛得推卻，自謙說還有許多不足之處。

將重點聚焦在他的音樂，當我們用雙耳聆聽，欣賞他那精湛的古典鋼琴演奏，琴聲是細膩而動聽，具專業等級的水準。若是不提，我們可能永遠不會知道，他出生時便失去了雙眼視力，身體則承受著腦性麻痺造成的後遺症。耀眼的音樂成就背後，他所付出與承受的，我們也無法輕易想像。

他是張晏晟，第一位由陳蔚綺指導鋼琴的盲生，也是首位由陳蔚綺輔導而榮獲總統教育獎的孩子。

二〇〇六年，晏晟獲得第六屆總統教育獎的消息一出，造成了不小的轟動，那時的總統教育獎是備受全國矚目的殊榮。得獎後，晏晟以此榮耀為契機，期許自已未來要對社會有所貢獻、盡一份社會責任。

因為，比起榮耀與讚譽，晏晟更深知，「若是沒有關注你的人的鼓勵和幫助，甚至是批評，就不會有現在的成就。」

• 2006 年，第一位獲總統教育獎的腦麻全盲學生張晏晟開心拿剛領到的獎盃與陳蔚綺老師分享榮耀。

♪

「很感謝老師的要求，才有今天的我。」

真摯的話語，確確實實地傳達了晏晟對陳蔚綺的感謝之情。

晏晟是陳蔚綺的第一位視障鋼琴學生，陳蔚綺是晏晟在專業鋼琴修習之路上的恩師，師生雙方皆是彼此人生中很重要的存在，對各自往後的教育與音樂成就、發展影響至深。

說起師生二人的互動，晏晟笑說與蔚綺老師的話題總是離不開音樂，陳蔚綺不僅教他怎麼把琴彈得更好，還分享許多寶貴的音樂學習經驗，幫助他汲取音樂知識、認識作曲家，更為他之後的音樂專業奠定穩健的基礎。

一對一的鋼琴授課，陳蔚綺並未因晏晟的身體狀況而「放水」，甚至是比照一般生的水準來要求。時隔多年，重新回顧老師的教學，晏晟認為陳蔚綺的教法非常注重基本功的訓練，縱使基本訓練的內容相對枯燥，但打好基礎功無疑是鋼琴演奏者最重要的學習過程。

他還記得，陳蔚綺曾告訴他「如果基本功不好，就無法演奏更艱深的曲子」，這一段話，某種程度上，也成為激勵他更加專注練琴的動力。

實際上，陳蔚綺雖然是第一次指導盲生鋼琴，但在這之前，已有在彰化啟智學校所累積的實務經驗，加上原本具備的音樂專業，以及面對挑戰的強烈使命感，陳蔚綺開始指導晏晟後，不僅為自己的特教生涯開起一道明亮的窗，也順利讓晏晟的琴藝大幅進步。

就在晏晟接受陳蔚綺鋼琴指導超過十年後，二〇〇九年，晏晟國中即將畢業之時，他毅然決然地做出更換鋼琴老師的決定，意即不再由陳蔚綺指導他的鋼琴，不過仍會繼續跟著陳蔚綺學習小提琴。

詢問晏晟換鋼琴老師的原因，他解釋說，最大的原因其實在於他自己，為了往更高深的音樂境界前進，強烈地渴望自身的演奏技巧與專業度能有所突破，也希望能從不同的老師身上汲取各方面的音樂知識，才如此做下決定。

「每個學音樂的孩子，都會經過換老師的過程，都是為了能夠更進步。」說著多年前的決定，如今晏晟語氣依舊堅毅，內心追求進步的衝勁不曾停滯。

然而，晏晟沒注意到的是，他這片積極進取的決心，對當時的陳蔚綺而言，猶如「背叛」。

這段往事，在陳蔚綺心中留有一道深刻的印痕，晏晟之於她的重要性，不僅是第一位視障鋼琴學生，還是第一位她協助推上總統教育獎頒獎台的孩子，更是推使她於特教圈推行音樂教育的信心來源，因此，晏晟更換鋼琴老師的決定，著實給了陳蔚綺一次沈重的打擊。

而今，陳蔚綺早已不再介懷，回憶當時的心情，她不好意思地笑說自己甚至為此哭了好幾天，畢竟那時她指導晏晟鋼琴已超過十年，自認是最了解晏晟優勢與劣勢的鋼琴老師，無人能取代，只有她能帶著晏晟發光發熱，從來沒想過有一天晏晟會換其他的鋼琴老師。後來，她轉念一想，其實還是希望孩子能夠多方學習，接觸多樣的演奏風格和技巧，集各家大成，持續進步。

自那之後到現在，晏晟與陳蔚綺的師生情誼，再度經歷了下一個十年。期間，師生兩人保持穩定聯繫，在各種公開演出、參賽或受訪的場合，或是各方媒體的訪談報導中，常會提到彼此的名字和故事，顯示雙方相互珍視，並給予絕對的尊重。

無論如何，這一份因音樂而建立的深厚情誼，在無數音樂學子與老師之間，晏晟與陳蔚綺的故事，是非常可貴的典範。

♪

那麼，學習音樂的過程中，晏晟有遇到什麼障礙嗎？

「當然有，很多。」才剛聽完問題，晏晟便不假思索地答道。接著，他更大方聊起過去在練琴時遇過的諸多瓶頸，他說，有些是演奏技巧、音樂性的表現，同時也免不了心理層面的壓力。

以演奏技巧來說，由於腦性麻痺的影響，他的手指動作的靈活度不如常人般容易控制，演奏中容易因此顯露弱點；而音樂性的表現，關鍵在於身體力量的收放，最明顯的問題發生在鋼琴的踩踏板，同樣是因為腦麻使他身體難以靈活地做出動作；基於這些困難，仍免不了會在內心逐漸堆積成壓力。

不過，這些瓶頸不單只是挑戰，更是促使他思考和反省的一種動力來源，他正是藉由跨越這些挑戰，來達到對自己必須持續進步的要求。

面對問題，晏晟坦然地說，不論在哪個方面，其實都沒有捷徑可抄，只能慢慢地突破，嘗試各種方法去克服障礙。但重要的是，他的身邊有家人和老師會給予他許許多多的鼓勵，而他還會對自己信心喊話；同時，練琴和演奏前他都會做一些預先規劃，讓練琴的動力和效率提高，就像是體育選手一樣，一直抱持這樣的習慣和態度去面對一切。

「練習新曲子，雖然很困難，沒關係，一天一天慢慢地練，直到會為止。」晏晟常是以此為自己打氣。

學習每一首曲子，最初是要求彈出正確的音，接著慢慢練到純熟，再於彈奏時雕琢出樂曲的音樂性和藝術性，才能稱之為演奏。縱使是天才，也無法一蹴可幾，只能慢慢花時間練習去成就。

之於晏晟而言，漫長的練習時光，是細細品味樂曲的最佳時機，可以探究樂曲的奧妙與細膩之處，這段過程，對於他的演奏表現和思考都有很好的幫助。

♪

長久以來，音樂一直是晏晟靈魂中不可或缺的光芒，以音樂向生命奮鬥的他，參與過的演出和比賽無數，其中，令他最為感動的參賽經歷，是約莫十年前的一場國際性比賽。

二〇〇八年，就讀國三的晏晟參加國際台北蕭邦大賽。這場大賽的特殊之處，在於它是當時台灣唯一能夠跟國際選手一較高下的比賽，規模盛大，開出來的曲目極具水準，台下的評審全部都是專業的音樂家。

而對晏晟的特別之處，則又在於所有的參賽者皆非身障者，是相對於他具有先天優勢的各路好手，基於此，晏晟的參賽重點並非得獎與否，他將重點放在為參賽的準備過程，也為求可以親自現場見識國際性的參賽水準，和一般的選手們公平競爭、切磋琴藝。

雖然，在環伺強敵的情況下，晏晟最終未能進入決賽，但這些專業的音樂家評審們，為他頒發了一只特別獎，讚揚他跨越劣勢、勇敢參賽的態度，讓他確信自己的努力是足以被專業者所肯定的。

如同人生自有高低起伏，與喜悅之情相對的另一場比賽，則是一次巨大的震撼。

晏晟說，那是由教育部舉辦的比賽，同樣是與非身障者公平較勁的舞台。那次的參賽，評審針對各種演奏技巧，在評分單上寫了很多直指核心的銳利評語。雖然，晏晟原本就知道在鋼琴踏板的使用是弱項，但卻未將此視為嚴重的問題，直到評審用犀利的評語切中核心，才讓他注意到自己與他人的落差超乎他原本的認知。

不過，從正面的角度去思考，讚許和批評，都是使人們進步的重要養分。

而今，他不會因他人或社會給予的稱讚而過度自滿；鋼琴踏板的使用技巧，和身體力量不易控制的問題，也在進行復健訓練後，順利克服。

♪

關於音樂專業，談論到自我認同和期待，晏晟坦言他其實並不喜歡，像是「視障音樂家」、「多障神童」這類的稱呼。他不希望他的音樂成就，被「身障」一詞貼上厚重的標籤，他真正希望的是，成為且被視為是一位專業的音樂演奏家。

對晏晟而言，他人所看見他的「障礙」，在擁有記憶之前就已經存在於他的身體、他的生活，造成的心理影響其實不如旁人所想得那般沈重。雖然，兒時難免曾對「障礙」有所抱怨，但隨著年齡的增長、心智的成熟，家人給予的正向觀念，還有學校師長、同學和朋友們的陪伴和鼓勵，長久下來，他早已學會以正向思考建立自己的人生觀，面對考驗仍能保持樂觀進取的態度。

正因如此，晏晟懂得審視自我並反省，也能分析社會周遭對於他及身障孩子們的態度和觀點，有一套屬於自己的人生觀，溫柔又成熟；而在談及音樂專業的話題時，則能看出，他對自我要求相當嚴格，不曾也不願將身體所承受的磨難，當做妥協的藉口。

另一方面，不管是身障背景，還是學習音樂，如今，以晏晟的經歷和成就，已是許多身障音樂學子們的前輩。

邀請他分享對後輩的勉勵，晏晟謙虛地表示，他的話不能算是勉勵，應該說是建議。他說：「學習音樂，要維持熱情，學起來才會快樂、充實。」畢竟，每一個學習音樂的孩子，不管如何勢必面對各種障礙，但要怎麼突破，是要靠本身的毅力去克服它，而熱忱是驅使前進的最好動力。

於實踐大學音樂系畢業後，近年來，晏晟持續於音樂領域中耕耘，從事多樣的音樂相關活動，接案、受邀參與的正式演出，偶爾會以街頭藝人之姿散播音樂的美好，或是投身公益音樂會、舉辦演講活動等。

往後的音樂路，晏晟將朝多方面的演出發展，而他為自己設立的未來目標，是希望去國外參加音樂會、國際比，增廣見聞，繼續在浩瀚無垠的音樂世界裡探索無限的可能。

我們相信，音樂領域的專業精進，還是社會公益的熱血付出，溫柔而友善的晏晟，都能為自己和這個世界，奏出溫暖、美好的旋律。

♪ ♪ ♪ ♪

繁忙都市裡的音樂恩典

二〇〇七年得主　張雅恩

蔚綺老師聊雅恩

其實，我不是雅恩的啟蒙老師，是小學才開始教雅恩的。

雅恩是一個很乖巧、認真的小孩，會將曲子努力練習達到要求。一開始，她的基本功稍微不足，演奏狀況也比較不穩定，剛接手教學時雙方都比較辛苦。不穩定的狀況下，容易出錯、失常，也容易因此而沒自信、懊惱，甚至自責。

雅恩的歌聲很不錯，高中音樂班的聲樂老師也很稱讚她，曾鼓勵她轉主修聲樂看看，我也認為她很有機會在聲樂領域中異軍突起，但雅恩當時似乎不太愛唱歌，也對唱歌沒什麼信心，猶豫很久後還是希望以鋼琴做為主修。

畢業後，雅恩留在台北獨立生活，比較少見到她，感覺她的個性和想法也有一些不一樣的轉變。

台北，尋常的週末午後，熙來攘往的大型商場裡，愉快悠揚的琴聲響起。

憑藉雙耳，尋找樂聲的來源，走著走著，下一個轉角處，發現一位清秀的女孩兒正在演奏，她端正地坐在寬敞走道的一旁，胸前舉拿一只輕巧可愛的口風琴，吹奏一首又一首耳熟能詳的經典歌曲，為空間增添了幾分色彩與溫暖。

女孩名叫張雅恩，如同她的氣質般，溫柔而優雅。

由於早產兩個月，雅恩甫出生即被醫生診斷為視網膜剝離，無法透過雙眼來認識世界。自幼的學習，多是靠母親將所見所聞以口述的方式傳達，並藉由雙手觸摸去感受物品的形狀、質感，進一步了解身處的環境和學習各種新事物。

而眾多有趣的事物之中，最吸引雅恩的，自然是美妙又豐富的音樂了。

很小就被發現有音樂天份的雅恩，成長路上，可說是與音樂形影不離，從歌唱到各類的樂器演奏都難不倒她，也依憑著她的努力，一路接受專業的音樂教育升學。

自學校畢業後，雅恩更以音樂支撐自己，獨自離鄉到台北生活、工作，用溫暖的音樂撫慰身處在繁忙都市裡的人們，也逐步實踐自己的音樂理想。

♪

與音樂結下深厚緣份的契機，可回溯到雅恩學齡前的一段故事。

當時，還是幼兒的雅恩，收到來自家人的禮物——電子琴，而與樂器的最初接觸，很快地，就揭露了雅恩不凡的音樂天份。

身為基督教友，雅恩從小就在教會裡打滾，長期沈浸美好又動聽的詩歌們之中，不知不覺間，那些優美的旋律，早已住進她的靈魂深處。回家後，雅恩小小的手竟在電子琴的琴鍵上，敲奏出與教會詩歌如出一徹的旋律。

這一驚人的表現，難以相信，這個小女孩還未正式學過音樂。

從那時起，對音樂的喜愛，以及音樂天份的發現，使雅恩的未來與音樂建立了緊密的連結。

而後，音樂成為陪伴她成長的好知己，不論開心還是難過，雅恩都會向音樂述說、抒發

• 四位盲生學生組成的瞽者心光手風琴樂團在台中公園演出。

心情。更在往後的求學過程中，音樂一直都是她生命裡的好朋友與好戰友，直至現在與未來。

以雅恩的狀況來說，真正開始學習音樂的時間，其實不算晚。就讀幼稚園時，為使雅恩的音樂天分有更好的成長機會，家人請了老師來教她音樂，中間雖曾短暫中斷過學習，但音樂卻始終沒離開過雅恩的生活。

很快地，有著音樂相伴的童年過去，升上小學中高年級，雅恩成為了陳蔚綺的鋼琴學生，接受更專業的鋼琴教育。

多年來，維持一週上課一次的頻率，經過陳蔚綺細心的指導和修正，穩定地培養雅恩鋼琴演奏的實力，期間參與多場的音樂比賽和演出，獲獎無數。直到雅恩高中進入音樂班後，才轉而由學校老師專任指導雅恩的鋼琴。

回憶當年與陳蔚綺老師一同學習鋼琴的時光，她表示，如果遇到彈得不順或不好的地方，陳蔚綺會一次一次耐心指導，直到學會或是突破為止；陳蔚綺也會在她受挫時，給她充分的鼓勵和幫助。

「陳老師是一個很有耐心的人。」雅恩真誠地說，語中飽藏著懷念與感謝。

♪

實際上，雅恩從小所接受的教育環境皆是普通學校，從幼稚園、國小，到高中的音樂班，以及從文化大學音樂系畢業，一直以來，都與一般學生相互學習、競爭。

小學時期，個性認真又溫和的雅恩，在普通學校中與同學們相處融洽，交到許多好朋友，同學們也都樂意幫助她，除了平時大小事的協助，關於學習，同學和老師給予的協助更是重要。

其實不難想像，一般的學習環境，對於一位無法以視覺學習的孩子來說並不容易，尤其在數理、自然學科的學習上，曾讓雅恩苦惱不已，有賴於同學的輔助說明和老師進一步的指導，來完成義務教育中的理科學習。

當場景換到學校的音樂課，不用多說，雅恩自然是如魚得水。課外的社團活動時間，更是投身於節奏樂隊、合唱團等音樂性社團，並在其中大放異彩，度過精彩豐富的小學生活。

然而，進入國中之後，課業學習的沈重感忽然加劇。

在此階段，每個孩子勢必開始面臨所謂的升學壓力，之於身處普通教育體制中的雅恩，同樣也不例外，必須花費更多的時間和心力，應付每天不同科目的教學進度，還有排山倒海而來的考卷試題，著實讓當時的雅恩有些喘不過氣來。

說起那段為了學習勞心勞力的日子，雅恩也不諱言地表示，真的是特別辛苦的一段時期。

而在國中階段的年紀，正好是青少年常會經歷的叛逆期，承受著身體成長的變化與學校繁重的課業壓力，內心免不了會囤積起鬱悶等負面情緒。那時，唯獨音樂是能夠使她放鬆的存在，對雅恩來說，音樂世界就像是一塊淨土。

縱使課業壓力前仆後繼地襲來，雅恩與陳蔚綺的鋼琴課仍持續著。

「作業雖然會跟不太上，但練琴不會有壓力。」問起練琴和學校課業如何平衡，雅恩則老成地說：「音樂是抒發壓力的管道，累的時候可以去彈琴，穩定心性。」

有趣的是，除了音樂本身給予的舒緩和療癒，當雅恩與陳蔚綺相處的時候，平時累積的各種苦水，也有了傾訴的出口。談及此，雅恩略顯害羞地表示，那時還蠻常會跟陳蔚綺老師訴苦的。

後來，雅恩順利考進台中新民高中的音樂班。

進入音樂班後，雅恩選擇主修鋼琴，並開始接受學校老師的密集指導，暫時和陳蔚綺老師的課道別。學校老師的要求比過往更高，尤其是學生眾多又競爭激烈的鋼琴項目，格外嚴厲。

高中初期，雅恩並不大能夠適應突然拉高的水準要求，是到了高二、高三後才逐漸習慣，並在之後考上台北文化大學的音樂系，朝音樂家的夢想步步前進。

二〇〇七年，是雅恩獲得階段性成就肯定的一年。

因為她自身持續努力不懈的態度和優秀的音樂表現，並在陳蔚綺從旁的指導與幫助下，光榮地獲得該年總統教育獎的殊榮，不僅為自己過往的經歷寫下耀眼的註記，也讓更多人認識她這一位認真的孩子。

♪

雖然，雅恩向陳蔚綺學琴的日子，在升上高中之時暫且畫上了休止符，但是師生兩人依舊保持聯絡，偶爾向彼此分享近況、相互關心，也會在音樂比賽或演出的場合上重逢。

隨著時間推進，音樂路上繼續茁壯的雅恩，2013年，在通過聚集國內鋼琴好手的選拔賽之後，跟著陳蔚綺老師遠征歐洲的維也納，做為台灣代表隊的一員，參加該年舉辦的國際身障鋼琴大賽。

賽前，雅恩的內心忐忑，對於自己的鋼琴表現，她還缺少了一點信心，但仍鼓起勇氣遠赴歐洲一戰。

之後，大賽結束了，雅恩的成績並不出色，比賽失利的結果讓她難過了好一陣子。而那時，看著學生消沈的模樣，陳蔚綺相當擔心，害怕比賽留下的情緒會削弱雅恩對音樂的喜愛，於是，選擇陪伴並給予雅恩滿滿的鼓勵和打氣，幫助她恢復信心。

幾年前，一場將在台灣國家音樂廳舉辦，與耶魯大學室內樂團合奏的演出，需要一位手風琴演奏者。陳蔚綺收到詢問，沒多加思索，便來邀請熱愛手風琴的雅恩參與演出。

那一場演出，是雅恩第二次登上國家音樂廳的舞台，不過卻是第一次與室內樂團一同練團、演出。她猶記得，正式演出時，台下的觀眾非常多，幾乎坐滿了整個音樂廳。不過，相比於上台的緊張感，倒是有另一件事讓她比較在意，那就是，由於當時舞台沒有收音，她在現場必須用力地演奏，才能讓台下的觀眾聽得見聲音。

但無論如何，這一次的登台，都是雅恩的音樂生涯中難忘又特別的一次經歷。

♪

時間拉回現在，從音樂系畢業後的雅恩，如今已是獨當一面的街頭藝人。

她經常是拖著一只粉色的大行李箱，裝載著樂器與音響，到台北各地的大型商場和百貨公司中進行街頭演出。她所表演的項目眾多，有手風琴、口風琴與歌唱等，也會根據地點和節日調整演出曲目，但絕大部分都是大家曾聽過或哼得出旋律的經典曲子。

不論在哪裡演出，雅恩的音樂，都能為當下的空間創造出愉悅、舒適的氛圍。

當然，公開場合的演出，或多或少會與來往的聽眾有所互動，不免好奇是否會發生有趣的小故事。

對此，雅恩溫柔地表示，會在聽眾身上得到溫暖的回饋，由於演出的場合多是適合一家大小一同前往的地方，常會有爸媽帶著小孩聽她演奏，家長也會藉由她的音樂和故事來勉勵小孩子。而那些話語，傳到雅恩的耳中，便成為鼓舞她繼續演奏的養分之一。

選擇以街頭表演做為工作，自然不是一件輕鬆的事情。

每一次的街頭表演，一整天下來會演奏、歌唱約八小時，經常是中午開始，直至晚上九點。這麼長時間的公開表演，不僅是需要足夠的演奏能力，更考驗演奏者的體力、耐力。而為了保障安全，街頭表演時，雅恩一定會找一位小幫手一起，通常的人選會是大學音樂系的學妹另一方面，街頭表演所得的收入並不穩定，每日的情況難以預測，時間、地點與人潮也會有很深的影響。做為街頭藝人，這是於音樂演奏外，需要花費心神去調整、克服的地方。

除了街頭藝人的身份，雅恩還是多個樂團裡的成員，固定會在不同的樂團中練團，參與公益演出。

其中一個是「葡萄樹視障樂團」，其樂團的成立目的是幫助偏鄉的孩子們，團長是原住民，會帶領樂團成員到各個教會去分享音樂，也分享生命價值。有時，更會深入到關山、初鹿地區的部落之中，關心並瞭解部落小孩的狀況，幫助他們解決生活上遇到的問題。

另外，雅恩參與的還有「葫蘆墩樂團」，是一個全部由手風琴手組成的樂團，每年暑假會固定密集地練琴，並於夏末時舉辦盛大的公演活動。

最後，若是想聆聽雅恩地現場演出，可以關注她的臉書粉絲專頁「張雅恩」，她不時會將她近期的演出行程分享給大家，讓大家想聽音樂時，都能找到她。

♪ ♪ ♪

與優勢拚搏的音樂女孩

二〇〇七年得主　鍾方晨

蔚綺老師聊方晨

方晨是我第二個全盲鋼琴學生，是個非常瘦小、很愛說話的孩子，小時候，方晨就可以用電子琴模仿彈出聽見的旋律，是個可造之材。

方晨很喜歡「玩」音樂，喜歡按照自己的喜好彈琴，剛開始上課時還要「搏感情」，先讓她彈她一首她喜歡的，下一首才能教她上課要學的；或是，在方晨獨奏時，我會在一旁用第二台鋼琴幫她伴奏，顯現一些有趣的變化和不同的演奏方式，讓她覺得老師有幾把刷子，而願意學習。之後，則是將教學的比重增加，演變成每次上課都要留下最後的「娛樂時間」，聽她自由彈奏喜歡的曲子。

不過，看似很有主見的方晨，其實容易想太多而有點沒自信，學習新的曲子都需要經過一番鼓勵、心理建設，慢慢磨出成熟的演奏。另外，因為身子瘦小，方晨演奏時的弱點是力道不足，嘗試了各種方法幫助她。後來，輔導方晨考上清水高中的音樂班，過程比起一般的孩子艱辛，因為過去不是音樂班體系出身，「視唱」的考試方式對盲生不大友善，但她也是很辛苦地去克服。

她就是一個有點小拗，但一直都很努力的孩子。

世上有多少人學習音樂是為了培養興趣，又有多少人是將音樂視為畢生志業而付出努力？

在興趣與專業之間，似乎總橫亙著一道難以平衡的槓桿；任何專業領域裡的競爭，又總使人們陷入不進則退的壓力洪流之中。競爭者之間先天的優劣勢，即使只是差之分毫，或多或少都會影響到信心與表現能力。

突破劣勢，與優勢者一同競爭，常是特殊生必經的人生歷程。

因為早產導致視網膜病變，方晨的眼睛自出生就與色彩絕緣，她幼小的身軀，同時承受輕微自閉和癲癇，在成長的起點就已歷經一番磨難。

然而，天降的考驗之外，一對健康的耳朵，成為她飛進音樂樂園的門票；一顆聰慧的頭腦，與她與生俱來的音樂天份相得益彰；最為重要的是，一顆堅定的心推使她在集結專業音樂知識的領域中無懼向前。

十多年前，三歲的方晨，用她嬌小的手敲擊電子琴的塑膠琴鍵，自然而然地彈奏出一段耳熟能詳的兒歌旋律。這一場突發演出，讓父母發覺她在音樂上的才能，不但對於聲音有著極度敏銳的感知，她的小小腦袋對於樂聲還有著驚人的記憶力。

七歲時，啟明學校放學後，她成為陳蔚綺的學生，專注學習鋼琴及小提琴；十五歲那年，她走進優勢者的世界，接受嚴苛的音樂訓練，不單是為追上優勢者而努力，更是為了證明自己

只要有心，沒有任何事物可以真正阻攔你。

♪

自出生以來，求學的各個階段裡，方晨比任何人都要認真、努力，尤其是音樂領域的鑽研。高中進入音樂班，與一般學生共同競爭，大學不靠加分就考進了台藝大音樂學系，不僅提升演奏能力，更一路進修音樂知識，以做為專業音樂家的目標奮鬥著。

有趣的是，一開始，學習音樂這件事對方晨而言，是一種玩樂。

回憶起最初跟著陳蔚綺學習鋼琴的情形，當時的方晨並沒有認知到自己是在上課，滿腦子只想著跟老師一起玩，即興地、盡情地彈奏鋼琴，並未留心老師教了些什麼。直到一年多過去，有一天，聽見陳蔚綺語重心長地提醒她說：「妳還是要專心上課啊，要加油喔。」她

• 指導鍾方晨的鋼琴課。

這才逐漸理解到，原來自己正在「上課」。

在尚不懂事的方晨心裡，音樂僅代表「好玩」和「有趣」的事情，長大後對學習音樂的認真態度，在當時，還靜靜地沈睡在心底。她還記得，某次學習彈奏練習曲，因為覺得無聊而不夠專心，對於她分心的表現，陳蔚綺沒有透露出絲毫的惱意與不耐，而是極具耐心地將曲子的每一個音教完，等到她學會了，才讓她下課。

「陳老師是對我最好的老師。」如同許多人對陳蔚綺的印象，方晨說：「她就是一個很有愛心的老師。」

國中畢業後，方晨離開特殊教育系統，考進台中清水高中的音樂班，暫且結束每週與陳蔚綺老師的鋼琴課，接受由音樂班老師密集的指導，身邊的同儕們瞬間變成耳聰目明的音樂班學子。還沒來得及習慣，嚴格教學與激烈競爭的關卡接踵而至。

那段進入新階段的轉換期，是方晨在學習音樂這件事上首次遇到的重大關卡。

音樂班的修習中，老師對於肢體表現和音色細節的要求相當嚴格，前者對於盲生而言，經常是難以理解和模仿的環節，即使如此，課程難度仍不會因她是視障者而減輕；另一方面，她所使用的點字樂譜並不如一般紙本樂譜普遍，需要耗費大量的時間翻譯。

一口氣面臨諸多新挑戰，著實讓當時的方晨備感壓力。

後來，逐漸適應普通學校的上課方式，方晨喜歡上用點字樂譜學習，她說，比起純粹以聽力學習，透過點字樂譜更能掌握音樂的脈絡，學習速度和彈性也提升許多。

♪

二〇〇三年，在陳蔚綺的率領下，還是高中生的方晨跟著台灣眾多好手，遠赴歐洲參與維也納國際身障鋼琴大賽。經過兩日激烈的戰況後，方晨最終在視障組排名第一、贏得金牌，並榮獲評審團頒發的特別獎，榮耀歸國。

聊起大賽期間的感受，是否有與以往比賽不一樣的體驗？

方晨輕笑表示，倒沒有因為出國而特別緊張。比較特別的印象，是她發現比賽用的鋼琴有些古怪，每個琴鍵的間隔比平時的鋼琴小了些，上場前還花了點時間重新適應。雖然聽起來，遇到這一臨時且無解的情況似乎過於驚險，但當時的她，相信自己對鋼琴的熟悉度足以掌握好調整後的狀態，心理沒受到影響，也幸運地快速適應了間距差異，順利完賽。

回顧在台灣參與過大大小小的比賽，那一次的海外出征，至今仍是影響方晨最深的比賽。

她甚至開玩笑說，準備大賽的那段時間，算是自己最認真練習鋼琴的時光。不論是陳蔚綺老師的關心、還是高中老師用心的指導，都給予她很大的勇氣和幫助，也使她的琴藝表現和音樂深度有所成長。

參賽的另一個收穫，是來自評審們的禮物。

不畏懼以外語溝通的方晨，與評審寒暄互動時表現得落落大方，從難得的對話中感受到他們的鼓勵和關心。對她而言，能夠受到國外專業評審的肯定，無疑是莫大的禮物，甚至燃起她對海外進修的憧憬。

她相信，在國外的修習可以學到不同於台灣的演奏技巧和方法。近期，她開始收集多方面的資訊，研讀各校簡章，希望有一天能飛出島國，在寬闊無盡的天空之下，接觸到更多不同的音樂樣貌。

♪

學業之外，和多數音樂愛好者一樣，音樂之於方晨，是心靈的出口。

每每遇到不愉快的事情，或是情緒低落之時，方晨常藉著彈奏鋼琴來宣洩內心負面的情緒，幫助自己忘記難過和憤怒；又或者，發生了什麼特別的事情，也會用音樂來記錄心情。不知不覺間，因為這樣的習慣，她對音樂創作逐漸有了興趣。

開始萌生創作的契機，約莫是出現在國三時，因為在學校的人際關係遇到挫折，下課返家後，就在家裡悶頭彈著各種即興創作，彈著彈著，她便將這些裝載著飽滿思緒的聲音錄下來，再上傳到她個人的部落格存放。這麼做，其實並沒有什麼特別的目的，也不大在意點閱數的多寡，僅僅只是放上網路分享的過程，就能使她心靈舒緩、愉悅。

隨著過去盛行一時的部落格沒落，今日新興的音樂創作平台上，方晨早已是平台創作者的一員，持續將作品記錄下來，再上傳到網路的公開空間，將自己的心情和音樂，分享給隔著網路另一端——或許正擁有類似心境的聽眾聆聽，也算是人與人之間一種浪漫的音樂連結吧！

接受專業的音樂教育後，原本專攻鋼琴的方晨，轉而選擇「作曲」為主修。其中的關鍵，可以回溯到高一時期，班上同學發現她對音樂創作不但有興趣、也有天份，於是鼓勵她往創作發展；另一方面，由於鋼琴組的競爭太過激烈，排定練習的曲目數量多，學習新曲的壓力讓方晨有些招架不住，於是轉為主修作曲、副修鋼琴。

總的來說，不論是演奏還是創作，方晨身上的音樂細胞都確實發揮了飽滿的能量，表現非常出色。

再來，做為一位專業的音樂演奏者，方晨會使用的樂器不少，除了鋼琴外，手風琴、小提琴在她的手中皆能發出動人的聲音。她說，因為手風琴攜帶方便，她經常會帶著它到各地表演；而小提琴之於她的意義在於了解弦樂器的演奏方式，對於作曲的思考提供很大的幫助。

不過，眾多樂器之中，她最喜歡的，還是非鋼琴莫屬。

在鋼琴各類型的樂曲當中，她偏好的音樂風格，是屬巴洛克到浪漫主義間所產出的音樂。正如她本人的氣質一樣，理性中帶有浪漫的色彩，這些樂曲的敘事表達較為理性，和弦的邏輯相對清楚；再加上，樂譜本身很好理解和記憶，因此演奏時，也比較容易詮釋樂曲中的情感，引起聽者內心的共鳴。

暫時抽離音樂專業，回歸單純的聽眾身份時，方晨反倒喜歡節奏感稍微強烈的曲風，也不排斥現代商業性的流行樂曲，對各類曲風的接受度相當高。

關於音樂的喜好，她還提到，若不考慮曲風差異，她唯獨對視覺意象太過濃烈的樂曲不擅長聆聽。原因無關主觀意識的好聽或不好聽，而是因為這些曲子是創作者按照個人的視覺印象所作。當歌曲聽進她的耳裡，由於腦袋缺乏相對應的視覺感知，導致她很難對曲子有進一步的想像跟理解，因無法共感而失去了品味與探究樂曲的樂趣。

方晨對欣賞音樂的獨到見解，正反應其本身善於平衡理性與感性的人格特質，不管是音樂表現，還是溝通對話，她都盡可能保持穩定的邏輯思維，認真相待每一件事物。

若想多了解她的內心情感，就多到她的音樂平台上，欣賞她的演奏與創作。

即將展翅的生命，是一路接受音樂的灌溉成長。

關於方晨未來的志向，雖然還未清晰，但已有隱約可見的輪廓。

前一段時間，方晨母校的老師於學校倉庫找到囤放已久的手風琴，一瞬間的動心起念，想讓在校的學生也能學習如何演奏，恰好趁著這個機會，便邀請方晨回到了啟明學校教學妹演奏手風琴，並開始固定每週一次的教課。

「喜歡指導他人學習音樂嗎？」面對這個問題，方晨坦言不知道。

實際上，她原本並未預期自己會從事教學工作，自認不擅長和他人用言語溝通，也還不清楚自己的性格是否適合教學，但就算如此，身邊的人似乎還是會用意想不到的方式推她一把，給予她突破的契機，促使她挑戰不曾嘗試過的事物。至少，關於音樂教學的這條路徑上，她已經跨出了第一步。

於是，除了出國留學，眼前多了一條成為音樂教育者的選項。

♪

長期以來，受到多位音樂老師的悉心教導和陪伴，方晨的心底似乎逐漸燃起一股對音樂教育的抱負。現在的她，希望培養足夠的能力教導下一代的音樂學子，也期許自己能像陳蔚綺老師一樣，用愛的方式，讓孩子們喜歡音樂、享受音樂。

自小從陳蔚綺身上習得的，遠不止於音樂這一領域的專業，還有以音樂待人接物的心法，以及對音樂永不止息的愛。

♪ ♪ ♪

橫跨視聽領域的創作才子

二〇〇九年得主　陳彥豪

蔚綺老師聊彥豪

彥豪是跟著我學習最久的一個孩子，超過了十年，從小學二、三年級開始上課。

一開始覺得彥豪彈琴彈得很好，後來則發現，他並不是像其他盲生一樣以音感來學習音樂，學習新曲子的速度不快，後來花了一段時間專注訓練他的音感，現在已經進步非常多了。而彥豪音樂表現上的優點，在於可以雕琢他的音樂細節。

維也納大賽之前，彥豪不曾創作過，也是唯一沒報名創作曲的選手。回國後，參加亞洲泛太平洋大賽，我鼓勵他嘗試創作，去聆聽跟理解不同詮釋曲子的方式，並首次參加創作組的比賽，他便開始作曲、編曲，至此激發他創作的火花，而愛上創作。到現在，彥豪超喜歡作曲，有大量的自創作品。

但最近，我有點擔心他太過專注於流行樂曲，較少練習古典鋼琴的練習，對音樂的感覺和觸琴的手感會變得不大一樣，所以會適時提醒他要練習古典曲，也是為了之後的國際身障鋼琴大賽做準備。

身著帥氣筆挺的西服，鋼琴前坐得端正，忘我地彈奏自創的樂曲，留著一頭俐落有型的頭髮，渾身散發藝術創作者獨有的氣息，他是陳蔚綺最引以為傲的鋼琴學生之一：陳彥豪。

彥豪出生時，由於視網膜結痂導致高度近視，被判定為中度視障。四歲時，家人送他到音樂教室學習鋼琴，學會基本的節拍和彈奏技巧，到了國小三年級，經輾轉介紹，成為陳蔚綺的鋼琴學生，師生建立深厚而真摯的情誼。轉眼間，十來年就過去了。

最初，雖然彥豪已有基本的音樂基礎，但在陳蔚綺嚴謹的要求下，開始專注於調整彈奏鋼琴的手指動作，精進演奏技巧，使曲子的細膩度更加完美。這段訓練過程，陳蔚綺會先以口述說明指法，彥豪則必須盡可能讓聽覺與手部動作分秒不差地進行。

彥豪還記得，小時候，尚在成長發育的手還小，演奏不同和弦間的轉換時顯得有些吃力，為了幫助他順利練習曲子，陳蔚綺會將音適度簡化，或是改變指法，讓曲子變得好彈些。

對陳蔚綺的教導，彥豪心底最敬佩、最感謝的，是老師寬似天空般的無盡耐心。即使對樂曲演奏的細節嚴厲，又或是他因課業或活動忙碌而疏於練琴，當表現不盡理想時，陳蔚綺也從來不曾予以責備，而是用勉勵的語氣提醒，或是用其他方法激起他的鬥志。

聊到與陳蔚綺相處的點滴，師生兩人的互動不限於音樂交流，還包含心靈層面的分享和

• 2015 年，泛太平洋國際身障鋼琴大賽，在東京與獲獎學生陳彥豪（左）、曾宣淯（右）合影。

陪伴。陳蔚綺經常關心彥豪在校的課業和生活，教他如何化解高中的升學壓力，在學業與練琴之間尋得平衡，更在他有機會獨當一面擔任講者時，指導他如何與台下的聽眾溝通、觀察觀眾的反應，以及控制演講的節奏。不同的成長階段裡，陳蔚綺一直都是彥豪的良師益友。

「老師不只是教鋼琴，還有點像是心理治療師的感覺。」彥豪如此形容對學生總是觀察入微的陳蔚綺。

♪

憶起當年遠赴維也納參加國際身障鋼琴大賽，在全球的優秀選手之中，彥豪是年紀最小的參賽者。對手都是大哥哥大姐姐，心中自然免不了壓力，但比起壓力和緊張，年紀尚輕的彥豪明白，這一征戰，著實是難能可貴的一次經驗，也代表音樂學習歷程裡一個新的階段。於是他告訴自己「我要跟自己比賽」，就是問心無愧地盡力去比，將勝負的得失心降到最低。

首次出國的參賽經驗，讓他看見其他障別的參賽者，是在更為嚴峻的考驗中學習鋼琴，像是因沒有手指而改以手肘彈琴的肢障選手，是無所畏懼、披荊斬棘地在音樂世界中實現自我。反觀有手有腳的自己，彥豪認為，視力不佳的阻礙已不值得一提，具有相對優勢的他，應該要更謙虛、更努力。

而今，四年多的時光過去，即將迎來 2018 年於美國舉辦的第四屆身障鋼琴大賽。這一次，彥豪同樣不會缺席，更立志在今次比賽中加入古典風格的創作曲，願再次於世界級的鋼琴殿堂上，與各國優秀的鋼琴家一較高下。

♪

音樂創作大門，是彥豪自維也納歸國之後開啟的。

以最年輕之姿參賽，與眾多厲害前輩們競爭的一役，結果是未能得牌、獲獎。回到台灣，也許是擔心他會失落，陳蔚綺鼓勵他準備參加另一場國際比賽——亞洲泛太平洋身障鋼琴大賽。第二次的海外出征，彥豪在古典項目中贏得銅牌賞，又藉著創作曲上的優異表現，贏得獨奏賞的特別獎項。

賽事中，彥豪嘗試創作改編，將《紅蜻蜓》這首日本名謠改編成台灣流行樂曲的風格，實際上場演出並獲獎後，他發覺自己的創作是被人肯定的，也建立起創作的信心和熱忱。

學習創作的初期，彥豪先透過上網找資料、摸索工具如何應用，靠自我學習訓練創作必須具備的技能，並花了很長的時間練習。彥豪的創作，多半是即興式的，每一次彈奏出來的音色稍有不同，一旦彈出喜歡的旋律就趕緊記錄下來，而後重複練習，逐步構成完整的創作曲子。

在彥豪的創作世界裡，陳蔚綺扮演的角色，比較不像老師，反倒像顧問，會適時給予溫柔建議，包含一首曲子起承轉合變化的細節，像是多停一拍去營造樂曲的氣氛，或是運用一些音樂性的技巧去增加曲子的細膩度。不過，總的來說，陳蔚綺不會干涉攸關旋律的內容，完全尊重彥豪的音樂原創。

另一方面，在創作態度上，陳蔚綺給予彥豪深刻且正向的影響。因為親身體會過老師的耐心，以及對學生演奏細膩表現的在乎，他會要求自己將曲子盡可能雕琢完美，再小的細節，如踏板的踩踏，都不輕易妥協。而為了讓曲子的詮釋更加細膩，他還養成為曲子書寫約100字故事的習慣，並藉此抒發內心的情緒與情感。

♪

創作上，彥豪與陳蔚綺的互動，有一段樂曲改編創作的故事值得一提。

於國際身障鋼琴大賽的甄選賽中，彥豪的演奏曲目，是將台灣經典民謠《望春風》加上《雨夜花》的元素改編而成的曲子。

起初，當改編的初版實際彈奏出來時，陳蔚綺覺得曲調流行風格太重，跳出了原本樂曲的主題。而在聽取老師的意見後，彥豪將曲子前段改編成具中國風的流行樂，中段的轉折則是古典的，最後則以在地的台灣味做為結尾，融合各類風格的特色和優點，完成了這首《望春風》的改編曲。

後來，改編的成品得到了陳蔚綺的讚許，彥豪也順利取得參加大賽的資格。

想起創作過程遇到瓶頸時，與老師的討論過程，彥豪坦白表示：「真的想不出來的時候，老師會給出很有幫助的意見。」

或許，聽起來是種依賴，但這其實是他對陳蔚綺的深厚信賴。

♪

對於音樂風格的偏好，彥豪懷著寬廣的胸襟，沒有特別喜歡也沒有特別討厭的，反倒認為要接觸世上各種音樂，才足以充實自己的創作，每一個作曲家、演奏家必然有獨特的個人風格，他不喜歡設定以某個對象為目標，怕受到過度的影響而被侷限了。

不過，累積數年的創作經歷，彥豪倒是從中慢慢琢磨出一套自我風格。他的創作多是以古典鋼琴的彈奏技巧、基本和弦為底蘊，轉調創作成現今流行風格的樂曲。對自己音樂創作的特色，他這麼描述：「不論是悲傷或是快樂的曲子，都會有一段跳躍性或連續性的旋律。」

一首鋼琴曲《朝日》，是彥豪頗為滿意的創作作品。

貫穿樂曲清亮明快的節奏，像是踏著輕快的小碎步在草地上雀躍前行；鋼琴舒心踏實的音色，又彷彿和煦的暖陽下散步般愜意自在。聽著聽著，不由自主地跟著節拍輕踏腳尖，沈浸於樂曲裡開心正向的情緒之中。後段如瀑的華麗滑音，將澎湃的喜悅情緒拉至高點，而後漸入平穩而愉悅的旋律收尾。

另一種風格的創作《Warrior》，整首樂曲如史詩般壯闊激昂。這樣的曲風被稱作Epic Music，不同於古典鋼琴和現代流行樂，常出現在電影或電玩遊戲的配樂中，在視覺上輔以聽覺，將聽者帶入創作者所搭建的開闊世界裡。

音樂世界裡風格多樣的彥豪，其人生發展同樣如此，無遠弗屆。

♪

對彥豪而言，高度近視的障礙只不過是一種出生背景，無關他的學習和成就。

「別人做得到的事情，我也一定要做到。」這是他對自己始終如一的堅持和原則。

埋首於音樂創作的同時，彥豪更在高中畢業後，投入視覺設計這一塊變化萬千的領域之中，選擇就讀明道大學數位設計系。問及為何選讀高度仰賴視力的設計學科，彥豪表示，其實他的學科成績不錯，但討厭制式化的教學、死背的學科，不喜歡按照既定模式的做事流程，喜歡可以讓自己從頭到尾盡情發揮的事物，享受動腦的過程，而視覺設計的世界正是能滿足他創作欲望的另一片天地。

實際上，數位設計系包含的面向甚廣，囊括平面到影視的視聽需求，彥豪在學校主攻平面設計，私底下持續以自學精進數位音樂。他說，平面設計是將資訊視覺化，而音樂則是設計聽覺故事。

不僅在音樂表現上精雕細琢，彥豪對平面設計同樣極度要求完美，這份完美不單指美感表現，更重視老年人或是兒童做為觀看者的感受，認為設計應該滿足多數人的需求，並以自己的視力狀態做為標準，設計作品要能自己看得舒服、清晰。

關於未來的創作目標，彥豪有兩個方向。一是音樂意境化，將一張圖用音樂創作或鋼琴演奏去詮釋；一是個人的專輯作品，希望集結創作樂曲，依照曲風做出相符的視覺設計，盡情施展創作能量，由自己完成視覺與聽覺兼備的代表作品。

近期，彥豪正籌備自己的創作專輯，以純鋼琴的樂曲居多，同時嘗試融合一些電子音樂的元素在裡頭。他將這張專輯定義為一場音樂會，除了純鋼琴曲目，還會展現絢麗的演奏技法，並以開心氣氛的樂曲做結尾，另外，也預計在專輯中藏入彩蛋，希望聽者接收的不只是單一的樂曲，還能享受到不一樣的聽覺體驗。

多角化發展的彥豪，儼然是一位新世代的斜槓青年。 ♪

除了從小就建立起的鋼琴家身份，經過各種專業能力的培養，彥豪的身份識別陸續增加了「配樂師」、「平面設計師」的稱謂。雖然還未畢業，但多樣且具水準的創作能力，也讓彥豪獲得各種合作委託的機會，持續產出精彩的視、聽作品。

彥豪不僅做到了他人做得到的事，甚至超越他人，達成許多人所不能及的成就，實踐了他對自己貫徹始終的期許，「做到別人所能做的，和自己競爭」，對待任何事物都力求完美。

♪ ♪ ♪

驅散孤寂的音樂之風

二〇一二年得主　曾宣淯

蔚綺老師聊宣淯

宣淯是我第一個視、聽、語障的學生。

帶著晏晟和方晨到花蓮演出，遇見了受盲生鋼琴感動的宣淯媽媽，因而被詢問願不願意教宣淯。一開始，沒有把握有能力教好宣淯，幾經考慮後，還是抱著一股使命感成為宣淯的鋼琴老師，起初當然很辛苦，必須抓著宣淯的手去彈琴，慢慢地教。

印象中，宣淯一直是笑咪咪的，些微的音樂聲都能令他很開心，學習新曲子更讓他感到興奮。也許是一直生活在寂靜世界中，音樂的美妙反而能引起更強烈的觸動，小小的裝飾音都能為他帶來喜悅。

媽媽為了宣淯特地去學鋼琴，不過後來宣淯進步到媽媽也追不上，之前也曾遇過媽媽教錯的趣事。

因為聽力不佳，彈琴會有秒差，演奏時對老師有依賴性，老師若沒一起彈就顯得沒自信，有沒有老師帶著彈的落差很大。希望能幫助他進步，不論有沒有老師一起彈都能彈得一樣好。

現在宣淯住進教養院，雖然可惜，沒能繼續教他，但相信他會一直享受音樂的。

一九九四年，做為雙生子降臨到這個世界，宣淯的誕生並不孤單。

然而，因為未足月，弟弟不幸離世，上天獨留他一人成長，又關上他視聽語的三扇窗。

出生後，宣淯在保溫箱住了一段時間，幼小的身軀被各種醫療器材包圍著，在醫生的告知下，父母得知宣淯可能會遇到許多無法預料的身體狀況，除了早期便發現的盲聾啞障礙，而後還確認了有發育、學習遲緩，以及自閉等多種障礙的考驗。

在這一切感知被弱化的世界裡，縱使缺少常人擁有的感知能力，宣淯的生命並未就此黯淡，因有家人、師長和音樂的陪伴，宣淯仍能乘著希望之風，緩慢而平穩地飛翔在空中。

與音樂的相遇，是渲染他生命豐富色彩的一場盛宴。

♪

任何人的生命色彩，都是逐漸累積的。

小時候的宣淯，尚未接觸音樂之前，內心世界的樣貌是低彩度的。

由於接收外界資訊的感官能力低弱，宣清對於外界刺激的反應平淡，不常出現喜怒哀樂的情緒表現，也不擅長與人互動。再加上，早期助聽器的品質不佳，聲音透過助聽器被粗糙地直接放大，不舒服的聲音減少宣清以聽覺接收資訊的意願，更間接降低他的學習意願，將內心封閉起來。

六、七歲後，宣清進入惠明盲校上課，早晨固定有的唱詩歌活動，讓動聽的樂聲初次叩上宣清的心扉，感受到聲音不一樣的震動。比較可惜的是，因為宣清就讀的是盲聾啞班，老師是利用手語和孩子們溝通、教學，同學們鮮少說話表達，所以宣清在班上沒有什麼機會接觸不同的聲音，無法認知聲音的豐富樣貌。

恰好那時，隔壁班有一位金老師很關心宣清，每天到宣清班上看他、陪他玩，是除了家人、導師以外，第一個與宣清親近的人。更重要的是，這位帶著宣清唱童歌、教他音樂的金老師，還是宣清的音樂啟蒙老師，將鋼琴帶進了他的世界，讓他觸碰到琴鍵，首次體驗到原來這個世上有如此美妙、乾淨的聲音。

其實，一般口語表達的聲音，聽在宣清耳裡，只能接收到字的母音，子音的細節是聽不清楚的，感受起來變成混濁難聽的聲音。相對於此，鋼琴敲擊出來的單音，純粹而透徹，是宣清生命中少數悅耳的聲音，因而引起了宣清的興趣，開始學習音樂。

由於盲聾啞，宣清的學習過程相對其於他特殊孩子更顯辛苦，為了幫助宣清順利學習，宣清媽媽長時間在宣清身旁陪讀，大部分的學習內容都是由媽媽先學，再教宣清。學習鋼琴也是如此，雖然媽媽沒學過鋼琴，但看著宣清那麼喜歡，還是凝聚耐心，將宣清的手指放上自己的手背，手把手地教宣清彈琴。

學習音樂的過程是漫長的，基礎練習並不都是有趣的，宣清對音樂的學習樂趣曾一度衰退，但相較於其他的學習，像是數學、語文和復健，這類無趣又備感壓力的內容，和金老師學音樂的互動相處總是令宣清開心，不知不覺，音樂的學習之路也就一天接著一天走下去。

音樂之於宣清的成長，是打開他學習大門的重要契機。

♪

從小到大，宣清面對鋼琴就像陷入熱戀的男孩一樣，為之癡迷。

宣清持續熱愛鋼琴的關鍵，除了金老師的啟蒙和宣清媽媽的陪伴之外，陳蔚綺老師的出現，讓存在宣清心中的音樂之風持續吹拂。而宣清之所以能和陳蔚綺結下師生情緣，則是因為媽媽的堅持不懈。

最初，宣清媽媽帶著宣清加入台灣視障協會，看見協會裡的其他孩子晏晟與雅恩，在陳蔚綺悉心指導下，不但享受音樂的學習，還擁有出色的鋼琴演奏能力，獲得許多到各地表演和比賽的機會，生命有了目標、生活過得充實。反觀宣清，似乎對許多事物的學習不抱有特別的目標和熱忱。於是，宣清媽媽暗自許願，希望有一天能請陳蔚綺教宣清彈琴。

在媽媽的積極爭取之下，宣清先在視障協會中學習手風琴。上課一個多月後，學習的成效不錯，協會的陳校長便鼓勵宣清上台表演，那一首台灣經典的民謠《望春風》，是宣清首次登台的曲目。幸運地，這場在花蓮文藝中心的演出，讓宣清與媽媽結識了陳蔚綺老師。

初次互動，媽媽先讓宣清彈奏鋼琴給老師聽，詢問是否願意教宣清。雖然，當時陳蔚綺的學生排課已逼近滿載，不過，深受宣清真摰琴聲所感動，陳蔚綺幾番思量後，決定先從暑假期間教起。

那年的夏日，宣清和陳蔚綺一對一的鋼琴課開始了，一切從基礎學起。

原本，宣清身體器官的發育狀況不是很強壯，用來彈琴的手很瘦又很小，手指的力氣也不大足夠，導致彈琴的姿勢並不標準。一般正確的姿勢，是手指微曲、掌心懸空，而宣清只

• 指導視聽語障學生曾宣清彈鋼琴。

能將整隻手平放於琴鍵上彈琴。

考量宣清先天的限制，陳蔚綺初期沒有強力糾正，但也沒因此過度體諒而妥協。過了一段時間，讓宣清熟悉鋼琴後，才一步步幫助宣清修正彈琴的姿勢，再慢慢加深對演奏的要求。經過陳蔚綺耐心且堅定地教導，宣清終於學會完整彈完一整首曲子。

實際上，每個樂句間的連接，陳蔚綺必須用很長很長的時間慢慢教，一首一分鐘的表演曲，大概需要花上三到四個月的時間，才能讓宣清彈得完整又正確。不過，由於身體能力的負荷，宣清的演奏離專業水準還是有一段距離，聲音的圓滑度和樂句的流暢度無法雕琢完美，實際聽起來會是一個音跳接到另一個音的感覺。

另一方面，鋼琴的聲音雖然比多數的聲音動聽，但宣淯的耳朵聽不出樂曲強弱變化，和音符之間細微的連結，旋律之於宣淯而言是平淡沒有起伏的，每個音都像是單獨存在的個體一般，只是先後接在一起。

「宣淯是在遇見陳蔚綺老師之後，才開始懂得享受音樂旋律的美好。」回憶過去宣淯跟著陳蔚綺學習鋼琴的情形，宣淯媽媽欣慰地說道。

始終陪伴在旁，看著這段師生皆辛苦的學習之途，宣淯媽媽非常感謝陳蔚綺的耐心和愛心，深刻感受到特殊音樂教育專業的重要性，也明白與對其他孩子的要求相比，陳蔚綺已為宣淯降低難度，盡力調整到最適合宣淯的教學方式，要求不會過於嚴苛，但也能持續進步。

宣淯媽媽曾猜想，如果老師有過高的要求，宣淯的音樂這條路也許就會斷掉了。

對宣淯來說，跟陳蔚綺老師的學習是很開心的一件事，上課過程是自在、舒服的，要求不會過於嚴苛，而持續進步是能感覺得到的。

一直以來，透過彈奏鋼琴，宣淯的生命與更多人建立了連結，他人的讚美和回饋，都是對他極大的肯定，是自信的最大來源；也因為學習音樂，讓宣淯的學習態度轉變，開始對新的事物抱有學習熱忱，實現了宣淯媽媽最初的願望。

談起宣清的成就，最受矚目的，當然是「總統教育獎」與「周大觀生命獎」這兩大殊榮。♪

宣清媽媽謙虛地說，陳蔚綺老師和惠明學校的陳校長，都是幫助宣清踏上舞台的重要推手。特別是陳蔚綺老師，不但看見了孩子的潛能和未來，還為孩子設定目標，帶著他們一步步往前邁進，也是因爲有陳蔚綺的積極和堅持，宣清才得以順利獲獎。

還記得，當宣清獲獎時，陳蔚綺甚至比得獎者本人還開心。

「可以的、可以的。」一開始，陳蔚綺不停鼓勵孩子與家長們勇敢爭取，指導如何紀錄和呈現孩子過往的碩果佳績，才讓原本不抱希望的宣清媽媽展開行動。

後來，得知獲獎的宣清，內心其實是很為自己驕傲的。

總統教育獎得獎晚宴上的演出，雖然看不見台下觀眾的面容，但內心敏銳的宣清，仍可以用心聆聽他人的反應，感知到大家對他的關注和鼓勵。那時，迴盪於演藝廳不絕的掌聲，透過助聽器清楚地傳遞到宣清心底，使他的心被無盡的喜悅所填滿，更加賣力地回應大家。

這些榮耀所帶來的正向能量，在往後，一直是激發宣清努力學習的動力來源，督促他持續進步。

♪

展開台灣地圖，宣清的音樂足跡遍及整座海島。

就讀惠明盲校期間，宣清參加多障音樂班的樂團，習得演奏各種樂器的技能，像是葫蘆絲、木箱鼓、鋼琴和手風琴等等，都難不倒他。這些難得可貴的美麗音符，當然不該吝於分享，於是，回饋社會的公益演出即成為美好樂聲的最佳舞台。

跟著學校老師的帶領，宣清經常與樂團在台灣各地東奔西走，走訪各處醫院、育幼院、學校等地，不僅深入東部的花蓮演出，就連需要越過海洋的離島金門和馬祖，都曾響起宣清演奏的美好樂聲。

參與無數場的公益演出，踏上舞台的宣清，重視自己做為音樂演奏家的身份，穿著的正式服裝演出，而襯衫領口處的紅色領結，正是宣清自信和驕傲的象徵。換上正式服裝的宣清，除了外觀改變，心態也有所不同，演奏期間的神情和表現，往往比平時更為謹慎、專注，非常敬業。

藉由音樂表演為社會付出，相對地，宣清同樣從觀眾身上獲得許多溫暖，觀眾們熱烈的掌聲、溫暖的擁抱，無疑是最直接的回饋，讓宣清感受到真誠且巨大的愛，也是對他最大的一種祝福。

下了舞台，那些為公益表演奔波的旅程，對宣清來說，又都是一趟趟愉快的遠足旅行。因為每到一個新地方，他都能接觸到多樣又豐富的刺激，嘗試與平常生活不同的體驗，其中最享受的，莫過於是品嘗各種美味料理。

回憶起宣清快樂模樣的點點滴滴，宣清媽媽笑說，公益表演可說是宣清最開心的時候了。

♪

現在，宣清已經平安地長大成人，因為家人健康因素的考量，目前在台中惠明教養院中居住生活，暫時中斷與陳蔚綺學習音樂的課程，進入一段休養醞釀期。

但，這絕非是宣淯音樂之路的句點，僅是人生行進間短暫的休止符。

教養院裡的生活，音樂並未自宣淯的身邊離開。雖然外出表演和比賽的行程不如以往多，但宣淯仍保持學習音樂的習慣，持續練習鋼琴，也參加院內的樂團，在院內固定的成果發表會上演出。

遠眺未來，不論是宣淯、宣淯的家人，還是陳蔚綺老師，都懷抱著溫暖而長遠的盼望，期許宣淯在音樂上能找到其他目標，往後的人生裡，更加紮實地前進。

這個世界，因有音樂的陪伴，生命從來不孤寂。

♪ ♪ ♪

為生命吹奏奮鬥樂章的快樂寶寶

二〇一二年得主　許育瑋

蔚綺老師聊育瑋

育瑋是我在中特相遇的學生，高一時我是他的音樂課老師。

課堂上的育瑋非常安靜，最初不大會注意到他，直到播放音樂時會露出笑容，開心地跟著唱和舞動，最喜歡唱「寶貝對不起」這首歌。

後來，知道他會吹陶笛，上音樂課都會讓他吹陶笛表演，曾經因為調課沒帶到陶笛而感到沮喪。之後，隨著表演機會增加，開始教他搭配肢體動作演出。

第一次申請總統教育獎時沒有入選，高三再次申請時，實踐了原先考取街頭藝人的願景，成為中特第一個獲得街頭藝人資格的學生，鼓勵很多學弟妹，也為他們示範人生另一種出路的可能。

育瑋是一個很溫和、善良的小孩，很愛撒嬌，會把頭靠在親近的人身上；平常，育瑋也很能自得其樂，喜歡玩小車子，安安靜靜的。

我覺得，育瑋就是一個很棒的小孩。

週末，來到人潮不斷的台中清水休息站，溫潤悠揚的陶笛樂聲傳入耳中，顧望四周找尋聲音的來源，越過圍聚的人牆一看，原來，是一位可愛的大男孩正在吹奏。

他的名字是許育瑋，一位唐氏症寶寶，也是一位陶笛演奏家。

稍微留心，不難發現這位男孩有些特別稍微扁塌的五官與粗短手指和常人有些不同，這其實是唐寶寶的病徵所致。而我們所不知道的是，除了外在的差別，他的身體還承受著智能、視力及語言等障礙。如今，能有如此優異的演奏表現和舞台魅力，必然是經歷一番漫長且辛苦的成長過程。

克服生心理的限制，學習音樂演奏，將擁抱生命的快樂分享給每一位聆聽者，勇敢的生命鬥士，無疑是對育瑋名符其實的讚許。過去，他也為自己和家人贏得「總統教育獎」及「周大觀熱愛生命獎章」的兩大殊榮。

現在，聆聽他的笛聲、閱讀他的故事，我們將重新體會生命的勇敢與快樂。

♪

做為唐寶寶出生，異變的染色體在育瑋身上施了壞心的魔法，削弱了他的口語和認知能力，築起一道隱形的牆，阻撓他和世界溝通交流的機會。

最初，育瑋的父母曾請語言治療師來幫助育瑋，可惜成效不彰。而後，得知有兩位陶笛老師在在唐寶寶協會中開課，育瑋爸爸便先將語言治療的課程停下，轉而帶育瑋學習陶笛。沒想到，與陶笛的結緣，不僅挖掘出育瑋對音樂的興趣，也將育瑋內心世界的高牆擊個粉碎，打開一扇明亮的大門，影響他往後燦爛的生命。

然而，即使是學習好上手的陶笛，對唐寶寶而言仍是相當不容易的。

由於唐氏症的病徵，育瑋的手指粗且短，拇指僅有常人的兩節長，再加上手部肌肉的力量小，動作緩慢不靈活，光是將單一手指翹起就已不易控制，更別說陶笛是要藉由抬放手指按住孔洞以改變音高的演奏方式。另一方面，因為肌肉不易控制，嘴部吹奏的動作難以順利達到標準，口水也很容易不自主地流出來，育瑋爸爸是一遍遍地為育瑋擦去口水。

因此，前期的學習，著實讓一直陪伴育瑋學習的育瑋爸爸傷透腦筋。不過，上述遇到的困難，都不足以構成放棄的理由，看著育瑋喜歡陶笛，育瑋爸爸堅持守在孩子身邊伴他面對和學習漫長的學習過程裡，跟著陶笛老師的教學，起初，育瑋爸爸會幫育瑋按住手指，先幫助育瑋吹出正確的音，讓他慢慢將動作記進身體裡。雖然，這樣的教法進展速度慢，但在初期確實達到一些成效。後來，與老師討論後，育瑋爸爸修正教法，改以將手掌放在桌上做出正確的指法，再讓育瑋去模仿爸爸的動作，一點一滴地將演奏的曲子學起來，而嘴部吹奏的問題，也在嘗試各種嘴型後，逐漸找到適合育瑋的吹奏方式。

關於學習樂曲的吹奏，則還有另一面向的困難需要克服，那就是：看譜。

實際上，育瑋無法理解樂譜上的記號，像是明明寫著 123 的數字符號，老師卻將數字唸成 Do、Re、Mi ，符號觀念上的轉換已然是很大的挑戰，是老師和爸爸花了許久的時間向他說明，建立「只要是陶笛課的 123 就是音階」的固定概念，才克服這一關。而除了音階，樂譜上標註的還有「節拍」，由於節拍時間的長短很難描述，也不好記憶，剛開始，同樣是花時間讓育瑋跟著爸爸的吹奏速度練習，習慣樂曲進行的速度。

育瑋完整學習一首樂曲的歷程，分成好幾個階段，首先是一個音增加到兩個音，再增加到一個小節，重複吹奏練習加深記憶，再打拍子讓他慢慢吹，逐漸加快速度，持續不斷地重複吹奏、記憶，直到能將曲子完整的演奏出來。

「其實，學了陶笛幾十年後，基本的音育瑋已經熟知了。」回憶過去辛苦而漫長的學習過程，說起現在育瑋的狀況，育瑋爸爸輕鬆地說。

開始學習陶笛的三年後，在協會的鼓勵下，育瑋接觸到新的樂器，電子琴。同樣是育瑋爸爸陪伴育瑋上課，爸爸先看老師怎麼教，回家後再仔細地教給育瑋，一首一首曲子慢慢練，育瑋能演奏的曲子變得更加多元、豐富，如今電子琴的演奏也成為育瑋街頭表演的必備項目。

♪

用愛灌溉育瑋的成長，耐心，一直是育瑋父母共同的課題。

除了陶笛和電子琴的持續練習，當時在台中特殊教育學校就讀的育瑋，放學後同樣有數量不少的回家作業。為了幫助育瑋順利完成作業，育瑋父母會陪著他做功課，帶著他一個字一個字地慢慢書寫，也因為育瑋的寫字速度不快，經常是寫完作業時，整個晚上時間就已過完。

育瑋的所有學習，不僅需要父母長時間的陪伴，更重要的是，共同學習的親子時間裡，父母必須穩定心性，不能對育瑋生氣。若是不小心大聲說話，一旦讓育瑋發現父母不開心的情緒，他便會退縮，甚至讓當天晚上的學習動力和時間在一瞬間浪費掉。不過，就像多數親自教育子女的父母一樣，育瑋媽媽也坦然表示，總有些時候還是免不了會生氣。

為了預防問題發生，育瑋的爸爸媽媽共同培養出一套適時輪班的默契，只要發現房間內的氣氛不對，例如對話大聲起來，或是鴉雀無聲，另一位家長就會趕緊出面，替換房內陷入情緒緊繃的家長，繼續陪著育瑋完成作業。若真的需要指正育瑋一些事情時，育瑋的父母則會用玩遊戲或開玩笑的方式傳達，例如說當育瑋的陶笛練習少吹了一個音，育瑋爸爸會以玩遊戲般的語氣說「音掉下來了」，用緩和的氣氛教導，讓育瑋知道哪裡出了錯，卻又不會使他覺得被責備而退縮。

獎勵，常是維持孩子學習動力的好方法，因此，育瑋父母會鼓勵育瑋說：「如果功課寫完，陶笛就可以練一個小節喔。」以音樂減緩學習的壓力，營造輕鬆愉快的氣氛，讓學習過程變得順利，提高育瑋的學習意願和興趣。

「爸爸跟育瑋比較『麻吉』啦。」談起與丈夫一同教導育瑋的情形，育瑋媽媽豁達地表示。「跟媽媽的話反抗心比較嚴重，一直以來也都是爸爸帶著育瑋學習。」

從小到大，育瑋爸爸總是拉著育瑋的手面對每一天的學習考驗，也許，之於育瑋，爸爸除了父親的角色外，還像是同學般，一起上課學習、一起回家練習，而且還是不會因求學階段不同而分離的學習夥伴。

♪

提到台中知名的街頭藝人，育瑋不但榜上有名，還是中特第一位在學期間就考取街頭藝人的孩子。正因為有育瑋開創的先例，校方開始鼓勵學弟妹和家長們朝街頭藝人的方向發展，也使中特陸陸續續培育出許多優秀的表演者。

而育瑋與陳蔚綺老師的相遇，是這份成就的重要契機之一。

原來，平時的育瑋其實是非常安靜的孩子，在班上總是默默地待在一旁。曾經有一次，育瑋爸爸到學校看育瑋上音樂課，發現當同學們爭先恐後地搶著拿樂器時，育瑋仍安靜地在旁邊不動，直到一番爭搶結束，育瑋才緩緩走過去拿桌上僅剩的三角鐵。而陳蔚綺主動發現了育瑋的特別，了解他對陶笛的喜愛之情，也肯定育瑋的音樂，之後，每次上音樂課，陳蔚綺都會為育瑋提供表演機會，讓育瑋吹奏陶笛給同學們聽。

「台下靜靜的，上了台就像變成另一個人。」育瑋雙親和陳蔚綺這都樣描述育瑋。

在陳蔚綺的鼓勵和幫助下，不論是學校舉辦的各種活動，還是代表中特外出的表演，或是外界邀請的其他演出機會，育瑋常是表演者名單上的必備人選，在校期間逐漸累積豐富的演出經驗。

後來，育瑋的父母觀察到台中綠園道上活躍的街頭藝人，認為育瑋既然有音樂天份和才能，也有很大的學習動力，經過幾番思考，便決定帶著育瑋挑戰街頭藝人的考試，最終，育瑋順利通過考試，獲得街頭藝人的資格，自此開啟人生新的一篇樂章。

街頭藝人，不但是一種資格，同時也能變成一份職業，幫助才華洋溢的孩子們擁有謀生的機會。畢竟，中特的課程屬於國民義務教育，孩子們從學校畢業後，若沒有一技之長謀生，則容易落入「畢業即失業」的窘境，畢業後也較難再經由其他管道輔導就業，是許多特殊生家庭會遇到的嚴重問題。因此，對育瑋及家人而言，育瑋的音樂天份是一份難能可貴的禮物。

但，更幸運的是，育瑋有父母和陳蔚綺老師做他音樂上的伯樂。

♪

穿越音樂世界的大門，育瑋的生命變得色彩繽紛，在他榮獲「總統教育獎」與「周大觀熱愛生命獎章」兩大獎項的肯定之時，更將他的生命推上前所未有的高度。

獲得如此殊榮，除了育瑋與家長不間斷的堅持和努力，陳蔚綺更是幕後大功臣。申請總統教育獎一事中，陳蔚綺不辭辛勞地協助準備審查所需的資料，照片和文字撰稿皆無一缺漏，一如她平時自詡是孩子們的經紀人一樣，將育瑋過往的經歷和成就集結、整理，並在評審委員面試時口述對育瑋的真摯告白，讓評委為之感動；而周大觀熱愛生命獎章，也是經由陳蔚綺的協會推舉獲獎。若沒有陳蔚綺的積極和鼓勵，也許就錯失了榮耀。

當然，育瑋生命裡的貴人還有許多，像是校長。

總統教育獎公布的前一天，育瑋舉辦了畢業音樂會，起因於中特校長得知育瑋媽媽想為育瑋辦音樂會的夢，不但是二話不說便答應，也提供協助來舉辦，讓育瑋得以用他最愛的音樂，向一路上幫助過他的師長、朋友表達感謝之情。而就在演出隔天，獲獎名單公布了，育瑋順利入選，還因而被校長大力稱讚說育瑋是中特的「領頭羊」。

當時，消息一出，吸引許多媒體前來訪問、報導，育瑋的知名度逐漸擴散出去，隨之而來的，是原本未曾參與過的各種機會，不限於音樂演出，而是一連串活動與分享的邀約，甚至是上節目，最棒的是，育瑋還有了飛向海外的機會，去了日本、柬埔寨、芬蘭、瑞典等國家。

「以前是我們帶著孩子，現在是孩子帶著我們。」育瑋媽媽的語中盡是藏不住的驕傲。

截至今日，育瑋已累積超過百場的「生命鬥士」講座，到台灣各地的學校、單位分享他的故事，由育瑋爸爸詳述、育瑋則以音樂表演傳遞他的心意。育瑋父母希望藉由育瑋的經歷鼓勵大家：「育瑋這樣的孩子都能做得到許多事，台下的你們也都能做到」。

有趣的是，育瑋的講座常發生一個現象，就是講座開始時的空位，總會在中場休息後座無虛席，也由此可知，育瑋是多麼地受到歡迎。甚至在一、二年過後，同樣的學校會再次邀請育瑋去演講，這一點更讓育瑋的父母無比光榮，也足以表示以往辛苦和努力都不曾白費。

♪

育瑋的每一場演出，追根究底，其實只有一個意念，那就是「帶給他人快樂」。不論是在休息站，讓來往的旅客不自覺地哼著育瑋吹奏的旋律走進廁所；還是在知名景點，讓冷得打顫的遊客，跟著音樂自然而開心地起舞；又或者是在講座裡，讓台下的聽眾因他的故事而獲得新的能量，都是是在音樂之外，育瑋所創造那無人可以取代的光芒。

• 2012 年，與學生許育瑋及瑋爸瑋媽進總統府，由馬英九總統頒發總統教育獎。

只要我們敞開心去聆聽、去感受，無需言語，我們都能在音樂間獲得育瑋給予的快樂和勇氣，面對更好的明天。

♪ ♪ ♪

五公分的視野，無限遠的心之足跡

二〇一二年得主　陳柏翰

蔚綺老師聊柏翰

柏翰是來自嘉義的孩子，小學時是一至二週的週末來台中跟我學鋼琴。因為是弱視，學習音樂是靠聽力學習。

虛心受教的柏翰，很肯苦練，以一個男孩子來說，很有耐心也很細心，可以要求他調整每一個音的表現。也因為柏翰自我要求很高，對比賽和演出表現比起其他盲生容易緊張，面對每一場比賽都是全力以赴，很努力去準備。

國中之後課業繁重，但沒有因此而放棄鋼琴，改成兩到三週上一次課。

申請總統教育獎時，媽媽特別來請教我如何準備資料，感覺一家都擁有使命必達的毅力。豐富又精彩的備審資料非常有料，得獎是實至名歸。

前陣子有一部介紹柏翰的微電影，才發現柏翰已經從瘦小的男孩變成大男孩了，就是一個很努力、很有想法的青少年。

得知他二度榮獲高中組的總統教育獎，很為他感到開心。

破碎色塊組成的世界裡，能夠辨識外物模樣的距離，是五公分。

嘉義高中的教室裡，其中一個座位擺放著巨大的螢幕，纖瘦的男孩將臉靠得離螢幕極近，雙手熟練地操作輔具，將課本上的內容放大到螢幕上，一個字一個字地讀著，用與全班同學一樣的速度，清晰而有力地朗讀課文。

這位男孩叫陳柏翰，因為早產造成視網膜病變，左眼全盲、右眼僅有 0.01 的視力。

然而，嚴峻的先天考驗，並未使他的生命黯淡。從小就好學的柏翰，不但靠著敏銳的聽覺學習音樂，還喜愛閱讀和寫作；同時，在實現自我生命價值的人生旅程中，更是不遺餘力，以音樂陪伴獨居長者，以自身經歷鼓勵他人，樂於分享對生命的熱愛和永不放棄的精神。

雖然年紀尚輕，但柏翰已然是生命的實踐者。

♪

一路以來，柏翰不曾進入過特教體制，都是在普通教育的體系中求學。

由於早療的成效極佳，柏翰的表現自小就相當出色，不受限於視力限制，學習認字、寫字，也因為優異的聽覺和音感，學習鋼琴、直笛和陶笛，且都具專業演奏的能力。目前，柏翰就讀的是嘉義第一志願，嘉義高中，和一般生在同樣的教室裡一同學習，接受相同的教育方法，不論是課程進度還是測驗難度皆同等對待。

實際上，柏翰在求學過程裡，由於視力因素，也曾經歷波折。

小學時，老師和同學對於視障者的狀況不夠理解，也不知道該如何協助，而造成相處之間的不愉快，最終，是媽媽花了許多心力為他奔走、溝通，才順利轉學到其他學校。幸好，轉學之後情況一切好轉，遇到友善的老師與同學，同學們樂於在他有需求之時協助他，也會主動詢問，或是有時候，自己好好表達也就能獲得協助。

而柏翰能有如今的學習成就，必須歸功於母親。由於，柏翰媽媽非常重視孩子的教育，從小，便積極訓練孩子的早期發展，投入大量心力為柏翰奠定學習基礎，幫助柏翰順利進入「融合教育」的體系中，減少中間的磨合期。

關於接收資訊的方式，柏翰雖然多半是以聽覺為主，但文字和語言的學習，柏翰會使用視覺學習，他既會點字也會國字，只是在習慣閱讀國字後，已較少使用點字了。進入高中後，平時所需的閱讀量變得太大，這時柏翰又會切換成聽覺接收為主的學習方式，利用盲用電腦將課文變成電子檔案，播放聽取。若是遇到寫作，則會以國字書寫來完成作文。

總的來說，因為有家人、老師與同學的幫助，以及科技工具的輔助，為達成學習目標，柏翰會依照自身情況調整適合的學習方式，在艱辛的求學路上，秉持堅持到底的信念，一步一步成長至今。

♪

音樂之於柏翰，是生命不可分割的心靈之友。

柏翰與音樂建立連結的契機，可回溯到小學低年級的時期。當時，學音樂是為了培養新的休閒活動，柏翰在接觸音樂後，點燃對音樂的興趣和喜愛，並開始以此抒發心情。

後來，柏翰的母親透過家長間的資訊交流，得知專教視障生鋼琴的陳蔚綺老師，升上小學四年級，柏翰幸運地成為陳蔚綺的鋼琴學生，帶著原本既有的基礎，在陳蔚綺的悉心指導下，於鋼琴領域中精益求精。

有一段時間，柏翰經常往返嘉義與台中，只為向陳蔚綺學琴。

對柏翰來說，經過早療及訓練，可以透過微弱的視力學習，但要藉由讀譜學習鋼琴仍是太過吃力，再加上，擁有敏銳聽覺的他曾接受過音感訓練，不需額外花費心神就能分辨音高，因此以聽覺學習音樂還是最有幫助的。

於是，如同多數視障學生所接收到的教學法，陳蔚綺對柏翰仍是以兩台鋼琴進行教學，老師先彈一次，再讓學生跟著模仿彈出一樣的音。另外，特別的是，陳蔚綺會幫助學生掌握曲子的雛形，細節則讓學生自行去挖掘、調配。

陳蔚綺專業的教法，是過去音樂老師沒用過的方法，確實切中了柏翰的需求，令他耳目一新，更幫助他的演奏能力大幅提升。

不過，雖然柏翰原本就有一定的基礎，但隨著課程逐漸進階，曲子長度和演奏複雜度增加，多了許多變化性的彈法，背曲子必須耗費比以往更多的時間，同時，也因為不以看譜來學習，柏翰便將陳蔚綺示範彈奏的聲音記進身體裡，跟著老師循序漸進的教學，越來越進步。

談論到演奏鋼琴時的弱點，柏翰直白地表示，和多數視障演奏者一樣，當樂曲需要力道明顯的強弱變化，以及大幅度的跳音時，仍會不自覺地感到害怕，擔心離開鋼琴而懸空的手，會在摸不出差異的琴鍵中迷失，甚至因此而彈錯音。為了克服心理上的恐懼，唯一能做的，

• 2012 年總統教育獎頒獎典禮，陳蔚綺與許育瑋（左一）、曾宣淯（左二）及陳柏翰（右）的合影。

就是提升對琴鍵和曲子的熟悉度，不斷地練習，熟能生巧後自然能建立自信。不過，他也不諱言，其實不同的鋼琴和演奏環境，多少還是會造成一些影響。

於陳蔚綺耐心指導的鋼琴課裡，柏翰見識到這一位音樂老師對教育的深厚熱忱。偶爾，他會看到老師為其他同學上課的情形，從旁觀角度看，更能看出陳蔚綺的用心，會考量不同孩子的情形，投以適當的教法和鼓勵。更重要的是，不論所學的曲子是否要參加比賽或是表演，都不影響陳蔚綺的教學品質，她會將學生在該曲子的演奏能力雕琢到好，絕不會出現得過且過的心態。

另一方面，柏翰也觀察到，陳蔚綺之於學生們的心靈陪伴。當學生為了比賽而緊張，陳蔚綺便會鼓勵他們，舒緩他們的心情。

「老師就是學生們的定心丸。」柏翰如此貼切地形容陳蔚綺。

回憶過去特別的參賽或演出經歷，之於柏翰最深刻的，即是「台日鋼琴交流音樂會」的公開演出。這是由陳蔚綺聯繫和籌備的音樂會，讓台灣的孩子們可以和來自日本的身障鋼琴演奏者們，在正式的舞台上，彼此切磋琴藝，欣賞對方的演奏。

當時的柏翰年紀不大，閱歷也尚淺，但是能在單一場合中，看到如此多來自各地的台灣與日本演奏者，仍是令他相當興奮。柏翰猶記得，那些演奏者在音樂表現上皆是極具水準的表現，彷彿身上完全沒有承受任何障礙所苦，世上也沒有任何東西可以去阻擋他們追求音樂的心。而柏翰，也是抱持著一樣的心態。

還有一場特別的演出，是在總統教育獎的得獎晚宴上，柏翰以得獎者的身份受邀上台表演，和陳蔚綺合作演出《雨夜花》及《望春風》二曲，他演奏陶笛，陳蔚綺則以鋼琴為他伴奏。那一次的演出，除了得獎的喜悅之外，他非常榮幸能和陳蔚綺老師合作。為了達到完美演出，事前他與陳蔚綺反覆練習，當時由於陶笛和鋼琴的音調不同，還花上了一段時間去克服。

然而，固定到台中跟陳蔚綺學琴日子，進入國二後，因為課業逐漸繁重而停下。

目前是高中生的柏翰，未停止關於音樂的學習，只是演奏樂器的重心從鋼琴轉變成陶笛，外面的演出也都以陶笛為主。對此，柏翰表示原因其實很單純，他說：「因為陶笛攜帶上比較方便。」

♪

喜愛帶著陶笛的柏翰，平時會上哪兒去呢？

原來，柏翰實踐生命價值的另一面向，是以音樂與長者們建立的忘年之交。從小學開始，他便經常利用假日休息時間，帶著雖然輕巧的陶笛來到養老院、安養院，為年邁的長者們吹奏音樂，以陶笛溫潤的音色撫慰佈歷經風霜的心靈。

「其實我蠻喜歡和長輩們聊天的。」聊到行動的起因，柏翰立刻答上了這句。

與長者比鄰而坐，傾聽他們的話語，那些富含人生百態的故事，給予柏翰思考人生不同可能性的機會，長者們分享的切身經驗，也幫助他知道可以怎麼努力去達成目標。而在獲得許多珍貴的人生寶藏後，柏翰也想為長者們做些什麼來回饋，想著想，便決定從音樂出發，畢竟，音樂就是一個可以自娛也能娛人美妙事物。

和長輩們的相處，活動也不複雜，就是吹吹曲子、聊聊天，度過半個白日。雖然過程平平淡淡的，卻有別有一種雋永感。聆聽爺爺奶奶口中所述的，即使因為人生經歷的落差，不一定都能有所共鳴，但只要看見這些爺爺奶奶露出笑容，柏翰就覺得一切都是值得的。

或許說來有些殘酷，逐漸步向尾聲的生命，和正要開始體會人生的孩子，當雙方交流之時，不免湧起各種感慨。對於長者們來說，柏翰的陪伴讓他們有動力去回憶過往，或許有笑有淚，但都是組成人生的重要養分；而之於柏翰而言，看著長者衰老的身體、承受的病痛，他體認到自己是很幸福的，平安地活到現在，健健康康地生活著。

那些相處的回憶裡，令柏翰至今難忘的，是有次和一位奶奶聊到她的孫女，奶奶表示很想念她的孫女，剛好，柏翰的弟弟擅長畫圖，於是他便和弟弟商量來幫這位奶奶畫一張孫女的肖像畫，送給她當作禮物。後來，這對兄弟像奶奶問了孫女的長相和特徵，並取得了照片，順利完成這一幅溫暖的畫作，讓收下畫的奶奶非常感動。

約莫是小學尾聲，受到長輩們各種人生故事的薰陶，讓柏翰的心靈獲得充足的成長，當時的他，和長者間及同儕間的情誼都很穩固、和諧。同一時間，他還著迷於寫作，並立下目標，希望在拜訪各個養老院後，能收集到一百位爺爺奶奶聽完他吹奏「望春風」一曲的心情故事，最後他也真的實現了，獲得滿滿的故事和成就感。

不過，這一百個小故事至今仍未對外發表，而是被柏翰記錄在一本冊子裡，做為人生裡的珍貴紀念。或許在未來，這份自我實現的作品，能變成一部經典故事也不一定。

而今，雖然龐大的升學壓力逐步逼近，柏翰允諾自己會持續做著這些事情。

再次問起促使他行動的原因，他表示，在求學期間，從社會各方得到了許多寶貴的資源，造就了他的成長，因此他想盡他所能回饋社會，除了拜訪養老院，他也曾在學校的公開演講上和同學分享自己的故事，以及陶笛演出，據說已有超過兩千位的同學聆聽過他的演講分享。

♪

也許是因為深受長輩們的影響，言談間，柏翰總散發出成熟而內斂的氣息，在同年齡層應屬是難得。

於二〇一二年榮獲總統教育獎後，柏翰未以此自滿，依舊透過多樣的形式，實踐自我的生命價值，不論是在學業、音樂和公益活動上皆是盡心盡力，將他人與自身所累積的過往故事，在活著的每一刻，創造嶄新的故事。

關於柏翰未來的生涯規劃，預計是以人文社會類的方向發展。他說，音樂不會是他職業發展的選擇，但永遠會是重要的興趣和回饋社會的媒介。

這個回答，一如他的成熟理性，卻又不失那份溫柔的心思。

舞台上無所畏懼的閃耀之星

二〇一五年得主　陳珞綺

蔚綺老師聊珞綺

珞綺是全盲，以及自閉症，對我來說其實是另一種挑戰。

自閉症的特徵是想做什麼就做什麼，不太受控制，需要跟她「博感情」，讓她相信你；也因為自閉症的關係，表達能力並不是很順暢，比較難聽到她表達想法，要很有耐心地與她相處。

珞綺就是一個很單純、開朗，喜愛音樂的女孩子，很愛撒嬌、抱抱跟頭碰頭，會很直接地表達對人的喜愛，會讓我覺得很溫暖。

不過，珞綺喜歡隨性地彈琴，嚴格說來其實是「敲鋼琴」，幫她上課後，花了不少力氣教她收放彈琴的力量。珞綺的演奏其實每一次都不大一樣，經常是自由發揮，有時候也會改變古典樂曲的演奏，穩定度稍低。後來，珞綺考上街頭藝人，還是我在一旁緊盯，帶著她去苗栗跟台中考試。

現在，珞綺到台北就讀台北啟明學校的表演藝術班，經常演唱流行音樂，喜歡有趣、隨興地表演，之後的發展還有很多可能。

紮著俏麗的可愛馬尾，舞台燈下，一位女孩彈琴彈得忘我，稚嫩的嗓音唱著耳熟能詳的歌謠。

「大家一起唱，台下的朋友們！」

當曲子進入間奏，女孩向台下觀眾大聲疾呼，邀請大家跟著她一起唱、一起搖擺，彷彿是開演唱會般的大方和熱絡，而她如此富有架勢的表演，總讓觀眾們開心地為她大力鼓掌。

這位個頭嬌小卻有著大將之風的女孩，叫做陳珞綺，是陳蔚綺的得意門生之一。

珞綺出生時，因視網膜剝離而先天全盲，同時伴隨自閉症，語言和情緒表達的能力不及常人，因而使得她不善於進行人際互動；求學過程間，也受限於理解能力的不足而遇到困難。

但，當音樂敲上她的心門，珞綺的世界自此開闊了起來，讓她在舞台上無為無懼地做自己。

♪

「音樂是珞綺的生活必需品。」珞綺媽媽溫柔地說著。

先天喪失的視力，使得珞綺從小多以聽覺接受外界的所有資訊，為了提供足夠的刺激，家裡時時刻刻播放著音樂，珞綺的生活空間永遠充滿樂聲，一旦音樂停下，珞綺還會主動表示想繼續聽。

珞綺初次展露的音樂潛力，約是在她八個月大時，聽著音樂的她，突然唱出了「妹妹背著洋娃娃」這首知名兒歌，讓珞綺的媽媽大為吃驚，據說當時的珞綺連「媽媽」都還不會叫。

回憶珞綺幼時的成長，珞綺媽媽說，小時候的珞綺其實情緒很不穩定，語言表達能力受限，只能像鸚鵡一樣模仿他人說出的話，需要花許多耐心去了解珞綺的需求和想法。

肯定的一點是，珞綺很喜歡音樂，於是，在珞綺升上幼稚園大班時，珞綺媽媽送她到學校附近的鋼琴教室開始學琴，只不過那時的珞綺還無法有效地學習，只會亂彈。

進入小學後，珞綺的狀況趨於穩定，情緒管理和口語表達的能力進步顯著。三年級時，因導師的幫助先學習聲樂，後來透過老師間的介紹，升上四年級的珞綺，開始跟著陳蔚綺老師學習鋼琴。

故事說到這兒，珞綺媽媽還想起了一段小插曲。

原來，最初找到陳蔚綺老師時，似乎是因為過去沒有教過全盲加上自閉症孩子的經驗，珞綺媽媽隱約感覺到，當時的陳蔚綺有點不敢收珞綺為學生，而珞綺媽媽心裡也明白，這對老師而言可能是很大的挑戰吧。

還好，這段插曲並未使珞綺的音樂學習受阻，她不僅順利成為陳蔚綺的鋼琴學生，一路走來，兩人到現在也發展出緊密的師生情誼。

故事再回到師生倆正要建立情誼的那段日子，起初，陳蔚綺對珞綺的了解不深，因此上課時都有珞綺媽媽陪同在旁。一旁觀看授課的珞綺媽媽，確實感受到陳蔚綺教育特殊孩子的用心，在珞綺逐漸培養出穩定的上課情緒，懂得配合老師的指導後，一切進入佳境。

只是，偶爾珞綺會顯露調皮的一面，喜歡即興表演的她，常會小任性地彈奏自己喜歡的東西，在原有的曲子裡胡亂加上其他的音，「玩」出別人模仿不來的音樂。甚至也曾嘗試改編「月亮代表我的心」一曲，讓原本緩慢優雅的曲子變得現代又活潑。

陳蔚綺抓住珞綺的表演欲，調整教法，運用珞綺的特質和喜好，引導她學習更多元的音樂，像是古典類的曲子。為了增強珞綺的學習動力，陳蔚綺告訴珞綺，如果她很配合老師的上課內容和進度，上課時可以先彈唱一首歌，下課前再一首，滿足她釋放表演能量的渴望，更讓珞綺無可自拔地愛著陳蔚綺老師和鋼琴課。

♪

二〇一五年，歷經一番辛苦，珞綺獲頒總統教育獎。

申請獎項的準備期間，陳蔚綺提供珞綺許多幫助。而在評審委員到校面試的當天，關心珞綺的陳蔚綺，特地趕到台中啟明學校一同參與，分享許多有關珞綺學習音樂的故事，感動現場的評審委員們。

同時，珞綺媽媽也分享了三個小故事，描述珞綺多有麼熱愛音樂，以及多麼深愛陳蔚綺老師。

第一個故事裡，由於珞綺非常喜歡上陳蔚綺老師的課，總會在課堂結束的當下就與老師約下一次的上課時間，有一次，鋼琴課因老師有事而改期，得知消息的珞綺立刻自閉症發作，情緒上難以接受突如其來的變動，猛追著媽媽問說什麼時候上課，直到媽媽請陳蔚綺親自跟

• 與陳珞綺上課合影。

珞綺請假，並約好下次上課的時間，珞綺才終於罷休。

第二個故事，是珞綺不小心剪傷了手指，媽媽便勸退她先不上課，等手指的傷好了再去，但卻被珞綺強硬地拒絕了，就是不肯放棄任何一堂鋼琴課。

第三個故事，可說是一種戒不掉的習慣，珞綺每次上課一定會與陳蔚綺擁抱、頭碰頭的打招呼，就連上完課回到家，晚上洗澡時還會聞一聞自己身上的衣服，開心地說「有陳老師的味道」，活脫脫就是個死心塌地的小迷妹一樣。

綜合上述的三則小故事，足以明確證明珞綺對鋼琴課和陳蔚綺的喜愛和執著，甚至若要將兩者比較，或許珞綺對陳蔚綺的愛，超過了音樂和鋼琴的存在。

現在，已是高中生的珞綺，仍持續跟著陳蔚綺學琴。每個週末，風雨無阻地從台北回到台中，就為見到她最親愛的陳蔚綺老師，一起享受她們最喜歡的鋼琴課。

♪

然而，相對於音樂學習的順利，珞綺在學校的學科表現不盡理想。

先天因素使珞綺的理解能力偏弱，難以理解一般課程的知識內容，而為了幫助珞綺學習，老師學會利用音樂的元素來教。舉個例子，小時候的珞綺在學習點字時，老師會以音樂去帶她學習摸讀，將她喜歡的曲子做成點字，引起她的興趣，提高她的學習動機。

另一個例子，是台中市曾舉辦《弟子規》的背誦活動，單純以文字和字意來背對珞綺而言太過困難且無趣，珞綺的導師便利用響板打節拍，創造節奏感，讓珞綺順利地把整首《弟子規》一字不漏地背起來。

音樂激發學習動力的例子，還有一個，台中啟明學校裡的池塘養了許多魚，課堂上老師以此教了一首關於「魚」的歌，結果，那段時間的珞綺突然對「魚」這個生物很有興趣。

由此可知，音樂的影響之強大，而珞綺歷來的老師們，會使用這招的可不少。

目前，珞綺遠赴至台北的啟明學校表演藝術班就讀，學校固定舉辦詩詞朗讀的比賽。但是，由於不了解詩詞的含義，珞綺很難將它們全部熟背，於是她便發揮音樂才能，自編樂曲搭配詩詞，藉此將詩詞全部背了起來。神奇的是，當換到不同的科目，珞綺會創作不同的音樂和編曲幫助自己學習。

這些音樂改善學習的實例，再再使人驚喜，也證實音樂之於珞綺是多麼地不可或缺。

同時，不禁好奇，珞綺會如何形容對音樂的喜愛，珞綺媽媽表示那是無法以言語表達的程度；再問起，珞綺是否曾因為學習過程遇到困難而想放棄，又或是如何去克服的，珞綺媽媽則娓娓道出另一段故事……

不久之前，世新大學的學生前來訪問珞綺，問到珞綺是否曾覺得學習音樂是困難的，珞綺不假思索地表示「不困難」。但從珞綺媽媽的角度來看，覺得珞綺可真是大言不慚，老實說，過去學習音樂的過程裡，珞綺也還是遇過不少困難。

珞綺媽媽解釋，因為珞綺的手很嬌小，跨音域的曲子對她而言是比較困難的，但又與其他視障孩子不同的是，珞綺並不怕將手離開琴鍵，也不畏懼彈錯音，即使有時候跳音跳不準而按到其他琴鍵，珞綺依舊會保持鎮定，盡量將曲子彈得圓滿。

實際上，任何音樂演出和比賽，珞綺從來不曾感到緊張，反倒是媽媽比較緊張。尤其是比賽，珞綺媽媽會在賽前對珞綺耳提面命一番，鼓勵珞綺保持她原有水準。不過，珞綺媽媽也坦言，其實在珞綺沒有什麼得失心，與其在乎比賽結果是好是壞，反而是介意比完賽後能不能去吃好的。

而在一般的演出中，不管是唱錯歌詞還是彈錯音，珞綺都能很坦然的面對犯錯，甚至會主動說出「我重來」來化解，就算真的在意，也不會將「糟了」的表情顯露出來，有時也會乾脆將錯就錯，笑笑地帶過，將演奏繼續下去。

之所以能做到近乎無懼的表演，嚴格說來，或許是因為珞綺沒有想得太多，就是用她天真單純的想法去面對音樂的一切，如此率真。

♪

開始學音樂至今，珞綺經歷過無數場的演出。

而她的音樂表演，永遠充滿了正向、溫暖的氛圍，不僅點亮了珞綺自身的生命光輝，也曾為別人帶來希望。

一場在台中童綜合醫院舉行的公益演出，珞綺為患者們演唱「男孩看見野玫瑰」這首曲目，當時，珞綺媽媽看見一旁聆聽的女病患默默地流著淚，演出結束後，這位女病患特別跑來跟珞綺打招呼，她說：珞綺看起來很快樂，給了她很大的鼓勵。

原來，女病患罹患了視網膜剝離而住院，很害怕自己會看不見，但是，看到受過同樣疾病影響而失去視力的珞綺，如今能快樂地在台上表演，讓她受到了鼓勵，因此想向珞綺表達謝意，同時收下珞綺對她說的「加油」。

這段演出經歷，至今是珞綺媽媽心中難以忘懷的禮物。

因為珞綺的演出，可以為彼此帶來善意和美好的影響，用音樂感動了對方，也因對方的回饋所感動。珞綺媽媽說，這些感動可以留在她們心中很多年，很久很久，每當失落時，只要回想經歷過的這一切美好曾經，做過的一切都是很有意義的。

即使這份感動，珞綺能感受到的不同母親般的多，但她所創造的美好和感動，確實存在於相遇之人心中。

未來，這位勇敢小女孩，會如何繼續散發耀眼的光芒呢？

♪

現階段，珞綺已考取數個縣市的街頭藝人證照，會於假日時到各地街頭進行表演，一天就是七個小時的演出。街頭表演時，珞綺落落大方的特質更是展露無遺，除了邀請大家一起唱，還會誇獎台下的觀眾，稱讚說唱得很棒。

「就是一個很自嗨的孩子。」珞綺媽媽笑得燦爛，這麼形容她的寶貝女兒。

聊到未來，具體的規劃是繼續考取各縣市的街頭藝人證照，以街頭藝人為主要發展目標。只是現在，當然還要顧及學校課業，在音樂以外的地方保持學習和精進，為大學做好準備，未來珞綺可以學習到更多不一樣的東西。

不過，其實珞綺媽媽暗自有著一份願望，希望有一天，珞綺能開一場屬於自己的演唱會。

若有機會現場觀賞珞綺的表演，相信你也會覺得，實現這份希望的那天，並不遠。

♪
♪
♪

文武雙全的音樂少女

二〇一五年得主　楊紫羚

蔚綺老師聊紫羚

紫羚是從小學二、三年級開始跟我學習鋼琴，很認真、音感很不錯。音樂表現上，紫羚可以要求到很細緻的演奏，參加各種音樂比賽也是屢屢得獎；紫羚的歌聲很好，目前是往自彈自唱和創作的方向發展中。

國中課業雖然繁忙，不過紫羚從未放棄音樂學習；紫羚今年剛考上文華高中，雖然沒有特別選擇進有音樂班的學校，未來會不會走古典音樂路線也還在摸索中，但她在各種音樂比賽的準備和努力絲毫未減。這次的鋼琴大賽可惜沒有入選，不過她年紀還很輕，相信未來還是有很多機會，有鼓勵她，希望她不要灰心。

據我所知，紫羚會和雅恩討論音樂，也會跟我討論要練什麼樣的曲子，會的樂器很多，烏克麗麗、伸縮喇叭等等的，就是一個喜歡音樂的小女孩。

就算身處幽暗，只要光芒不滅，任何難題都不會是真正的阻礙。

有一位可愛的女孩，因為早產失去視力，但她非但因此而受阻，在小小年紀時，成為文武雙全的女中豪傑。

她是楊紫羚，小學時，獲得了「閱讀達人」的稱號，兩個月內讀了破百本書；又因緣際會地加入游泳隊，還挑戰小鐵人競賽。動靜之間，什麼都難不倒她。

雖然從小接觸廣泛的興趣，但在音樂世界裡，紫羚的心靈找到一處可以安頓的歸屬，為她的生命畫上絢麗的光彩……不過，卻也帶來令她困惑的迷霧。

♪

紫羚出生時，由於早產導致視網膜病變，使她的視覺僅剩下微弱的光覺。

也許是因為有意識以來，視力就已不再，視障對紫羚的生活和學習，沒有直接造成太大的困擾。而家人為她擬定的教育方針，是朝與一般視力健全孩子相同的方向所努力，不論是品格教養，還是學校課業，紫羚都能兼顧。在學習的路上，紫羚的家人始終給予她最強力的支持和陪伴。

到了小學入學的年齡，經過多方考量之後，紫羚和家人捨棄特殊教育這條路，進入「融合教育」體制，在普通學校裡，和絕大多數的一般學生共同學習。

問起是否因此而感到辛苦，紫羚表示，適應上並不覺得辛苦，只是視障學生難免比較容易被排擠。

嚴格說來，校園中發生排擠現象，不算少見。同儕之間，經常藏有大人不能理解的微妙關係，有時只因一個小誤會，就足以讓孩子們「切八段」。更別說，視障的孩子因為看不見，往往不容易察覺到其中的變化，而去調整自己的行為；又或是遇到分組、團體的活動，也可能因為隔閡而較難參與。

「做自己就好了，無需因此而感到自卑。」以一個過來人的姿態如此說，紫羚似乎早已看開，原本稚嫩的聲音，瞬間聽來像是個大人。「我只是看不見而已。」

不談人際關係上的失利，從理性的角度切入，紫羚認為進入一般學校就讀是有很多好處的，不僅可以學習獨立，還能享有較多社交活動的機會，不像特教學校太過單一。這些經驗，

• 帶學生楊紫羚（右）與陳珞綺（左）參加演出。

確實幫助她提早融入普通社會。反觀特殊學校的教育型態，特教學生畢業後，升上大學反而會比較辛苦。

對自己過往的求學經歷侃侃而談，就算時間不長但以足夠深刻而紫羚看待事物的成熟，很難看出，她僅是十幾歲的孩子。

♪

雖然思考成熟，但平時的紫羚，其實像個鄰家女孩，時常漾著淺淺的微笑。

陳蔚綺老師指導的鋼琴課中，只見她在琴前坐得挺直，從書包拿出白色的錄音機放好，一切準備就緒後，安靜地等待課堂開始。首先進行的是基本功的音階練習，只見紫羚聽著陳蔚綺的指示和節拍，手指在琴鍵上飛快移動，循著逐漸爬升的音階彈奏著。

基本練習結束，進入新樂曲的教學，陳蔚綺拿出樂譜，未有減速地示範了一遍，隔個幾拍後，紫羚絲毫不差地將相同的音彈奏出來，就像將聲音複製一般神奇。而後，重複一樣的過程，陳蔚綺將樂曲一段一段地教給紫羚，而僅靠聽覺的紫羚，幾乎全部旋律分毫不差地複製，頂多時而因不熟悉出現稍不流暢的情形。

即使如此，紫羚學習新曲的速度，早就是許多一般學生所不能及的了。

回憶學習音樂的起點，紫羚與鋼琴的第一次接觸，是在幼稚園的課堂上，也是從那時開始跟著老師一對一學習鋼琴。幼稚園畢業後，紫羚經由從小就熟識的雅恩姊姊介紹，成為陳蔚綺的鋼琴學生。而陳蔚綺專為視障生設計的教學方法，更大幅增進紫羚的鋼琴演奏能力。

「跟陳老師的第一堂課，是真正第一堂鋼琴課。」紫羚真誠地說著。

天生具備絕對音感的紫羚，還是幼稚園生時，就能清楚分辨各種音高，知道每個音相對的琴鍵位置，無師自通。但，是在跟陳蔚綺學琴後，她才了解鋼琴音階的如何彈奏。課程初期，因為已有基礎，紫羚很快地進展到學習小型曲子的程度，上課時，先跟老師一起彈，回家聽著錄音猛力練習，沒過多久，便學會了許多曲子和演奏技巧。

雖然，每堂課的教學內容不盡相同，但陳蔚綺使用的教法始終建立於同樣的脈絡。若要說陳蔚綺老師的教法有什麼特別之處，紫羚的答案和所有學生一樣：「陳老師很有耐心」，若是遇到彈不好的地方，像是複雜的和弦和音符密集的段落，陳蔚綺會很有耐心地重複示範，一個一個音慢慢彈，讓她聽清楚每一顆音符。

為表示對老師耐心的敬佩，紫羚提供一個小爆料為例，她說，如果她想偷懶被發現，陳蔚綺還是以耐心相待，不曾嚴厲地戳破她。

不過，雖然舉了個偷懶的例子，實際上，多數時候的紫羚都是積極和認真的，比起偷懶，她更因為感受到陳蔚綺的用心，而產生練琴的動力。她總是心想：「老師都這麼用心教我，我要用心練習，不要辜負老師對我的指導。」

♪

上天給予紫羚的禮物，不僅有絕對音感，還有她的悅耳歌聲，這些禮物也為她帶來精彩的舞台。

幾年前，當紫羚還是個小蘿蔔頭般的小一新生，就已參加人生第一場的鋼琴比賽，年紀輕輕，就已累積豐富的參賽經驗。其間，紫羚還挖掘出另一項音樂領域中的才能：「歌唱」，於升上高年級時，除了鋼琴，她也開始參加歌唱比賽。

紫羚的歌唱能力養成，不像鋼琴一樣接受專業訓練，多是靠自行練習而累積的。有時，在陳蔚綺的鋼琴課上，她會唱歌給陳蔚綺聽，並詢問老師的意見，來修正歌唱的細節。對此，紫羚還說：「學過聲樂的陳蔚綺老師，唱歌非常好聽。」

參與音樂類比賽無數，回顧過往的輝煌戰績，紫羚一點也不驕傲，反倒將榮耀看得相當平淡。對她來說，比賽的名次其實不是很重要，參賽獲得的掌聲和獎項，就只是一種肯定。真正重要的是，出席比賽可以了解大家的音樂世界是什麼模樣的，就算沒得名，仍是難得的經驗。

不論是上台比賽還是表演，紫羚秀氣的臉龐上，鮮少會察覺到她的緊張。然而，視力保有光覺的紫羚，可以看到台下晃動的光與人影，足以幫助她理解到在那麼大且正式的空間裡，有那麼多的人、許多雙眼睛正在看著自己。觀眾們不知道的是，那淡定的外表之下，有顆心正砰咚砰咚地狂跳著。

而上台的緊張感，到了需要開口唱歌的場合會更加強烈，甚至讓紫羚在台上發抖。之所以如此，是因為與從小比到大的鋼琴相比，唱歌是到了十幾歲了才開始，前者早已習慣駕輕就熟，後者相對還是新手。同樣是在舞台上表演，但兩者各自的感受是截然不同的。驚奇的是，如果換成是自彈自唱的場合，緊張感反而會神奇地消退，唯獨只怕會不小心忘詞。

國中時，紫羚參加過一場營隊，由無限融合樂團舉辦的「無限夏令營」，是幫助她學習享受舞台的重要經歷。她記得，營隊老師們都非常友善，鼓勵所有的孩子上台表演，不論程度如何都能享受表演的快樂。這一份難得的營隊體驗，讓紫羚面對往後的演出，擁有更多上台演出的動力。

做為音樂表演者，懂得享受音樂、享受舞台，大概可謂是音樂人生中最幸福的一件事了。

♪

音樂之於紫羚而言，就是「生活」。

然而，要怎麼「過生活」則是一大哉問，不一定是光憑喜歡和熱情，就能永永遠遠地持續下去。

長期與音樂相伴，遇上升學的選擇，紫羚曾認真考慮將文華高中音樂班做為升學目標。不過，經過與師長的商量，老師覺得紫羚不大適合音樂班那處處是框架限制的課程，再考量到現實的經濟因素，這項選擇逐漸被放下。

實際上，在此之前，一向熱愛音樂的紫羚，面對鋼琴，也曾經遇過難以克服的瓶頸。

有過一段時間，不知怎麼地，紫羚喪失練琴的動力。當時的她，不知道自己是為了什麼而努力練習鋼琴，從音樂獲得的成就感變得微弱，再看著陳蔚綺的其他學生，覺得每個人都持續進步，只有自己卻停滯不前。這樣的想法，一點一滴加深她的無力感。

「到底是為什麼而練琴呢？」那時，紫羚不斷地向自己提問。「是不是為了滿足家人的期待？還是畏懼旁人審視自己的眼光？」

不論身處於哪個世代，只要越是在某個領域中鑽研，越容易經歷這樣的自我質疑。面對這樣的困境，紫羚更因為考慮老師的辛苦和用心，而沒將煩惱說出口，讓自己沮喪了好一段時間。

述說這段經歷，紫羚的話語藏不住低落的情緒，談到現在的狀況，她坦承，目前對鋼琴感到有點迷茫，而為了準備升學，每週固定的鋼琴課也暫時停止，但還是盡量維持平時練琴的習慣。

遠眺嶄新的高中生活，雀躍的心畫出了許多美好想像。

♪

紫羚向來是多才多藝，除了古典鋼琴，中國的古老樂器「蕭」，她也是略懂略懂，志願是希望能加入高中的國樂社；除此之外，近年大受年輕人歡迎的迷你版吉他「烏克麗麗」，拿在手裡，她也能彈奏幾首小曲。

嚴格說來，多樣樂器的才藝養成，可謂是觸類旁通，紫羚憑藉自身的絕對音感，將這些有趣的樂器學了會，還表示只要是能夠摸到的樂器，都會想盡量接觸看看。但有趣的是，不知道為什麼，摸了這麼多樂器，她就是不會彈吉他。

如她這般對樂器的好奇心和強大的學習能力，不知令多少人讚賞與羨慕，相對於此，對於喜歡接觸多樣樂器的習慣，紫羚卻笑稱自己其實是三分鐘熱度。但是，有些樂器終究是命中注定的，只要實際接觸演奏，就會知道自己是純粹好奇還是真的有興趣。

另一方面，與其說紫羚對「音樂」很有興趣，倒不如說是任何「聲音」相關的領域都是她的興趣範圍。評估自身優缺點，她認為，對比「創作」，自己比較擅於「模仿」和「學習」，曾想過配音員的職業選擇，或是擔任音樂 DJ 、大眾傳播等方向，但細想過後，這些領域多數需要倚靠視覺，因而覺得自己不大適合。

迷茫人生的摸索階段，抱持開放的心態迎接任何事物，是突破框架的不二法門。

說起夢想，紫羚一反原先的迷茫，堅定地表示，希望有天能成為創作歌手，超過蕭煌奇，為視障界帶來不一樣的音樂氣象。不少台灣新世代的創作歌手，都是紫羚憧憬的對象，像是 A-Lin、王詩安等清新女聲，她們的樂聲總是散發正向而溫柔的能量，為社會帶來許多溫暖。

現在，她決定，用高中三年的時間認真思考未來，相信任何選擇都會有它的意義存在。

也許，答案就在身邊也不一定。

♪ ♪ ♪

第六章

有夢最美

陳蔚綺特教之路的未來展望

學海無涯，不甘就此停歇。

深耕台灣特殊音樂教育二十多年，陳蔚綺做為一名教育者，對於在特殊教育專業的精進未曾懈怠過。

為了能將所學因應每一位學生不同的障礙類別和程度，為孩子量身訂作合適的學習方法和目標，她於任教期間，至彰化師範大學修習特殊教育學分畢業後，繼續在特教研究所就讀學分班至結業，更於暑假時，遠赴美國紐約大學鑽研三大音樂教育法，吸收飽滿的教育知識，滿載而歸。

而今，陳蔚綺再次重拾學生身份，進入大葉大學教育專業發展研究所持續進修。她謙恭地表示，值得學習的東西還有太多了。

陳蔚綺研究所的論文題目，是「一位唐氏症街頭藝人的故事」。透過質性訪問研究，訪談多位學生、家長和老師，梳理出唐氏症阿瑋成為街頭藝人的成長脈絡，從中淬煉教育心法，期許能用於特殊音樂教育的實戰，幫助更多身障特殊學生贏取璀璨的未來。

那麼，在陳蔚綺心中，特殊音樂教育的未來展望是如何的呢？

當音樂教育進入特教系統

回顧陳蔚綺的教育生涯，反思特教環境裡是如何看待音樂教育，從中也依稀能略知其中的盲點。

最初，陳蔚綺在彰化啟智學校的教學經驗，是快樂而有成就感的。

彰智是以高等職業學校的心態來經營，重視孩子們所能學習到的東西，因此學校聘雇各種職業類科的師資，對於每一專業科別的授課方式相當尊重，希望孩子們可以學習技能、藝能，做為一技之長的同時，也能夠陶冶心性。

同時，為了符合學生的學習能力，學校也會適度將教學內容的難度降低，並取得平衡，讓孩子們在有限的學習能力下仍能學到一定的程度。

因為專業分科的教學環境，陳蔚綺於彰智擔任音樂老師的那段時光，就像是被當作「寶」一樣，校方看重並依賴她自師大音樂系畢業的專業，看見她用音樂幫助了孩子許多，而她在期間也建立了對特殊音樂教育的熱忱和信心。

爾後，陳蔚綺轉任教的台中特教學校則稍微有些不同了。

原先傳統的特殊教育系統，是採用不分科的教學方式，編制上是一個導師、一個專任老師，班級一切的大小事務和課程皆由兩位老師負責，基本上，老師只要教會學生簡單的知識技能，或是幫助學生培養享受休閒娛樂的能力即可，不同老師的專業背景在這樣的系統中並不明顯，也不受重視。

陳蔚綺認為，這套傳統的教學方式，之於孩子們，是低估了他們的能力，即使智能不足，能學會的東西不該只是如此；再者，之於身為具有音樂背景的她而言，因為不分科的制度，她不像在彰智一樣被視為音樂老師，反倒像是小學的級任老師，當她對外介紹自己是「音樂老師」時，還曾受到時任教務主任的責罵。

雖然中特也重視孩子們的音樂才藝，但孩子們的音樂學習是聚集在樂團的練習，她也曾負責指導打擊樂團和鼓隊，帶領他們練習和表演。可是，在課程分配上，由於不分科的系統，讓具有音樂專業科別的她，很難讓排課取得平衡，除了教音樂課外，也要負責教其他的分科。

有一段時間，她被分配到的只有兩個班級，同一個班級要一週上八節課；這八節課裡要上些什麼？本職專長是音樂老師的她傷透了腦筋，畢竟，總不能一整天都在上音樂課吧。結果，為了讓孩子在漫長的課堂時間裡有事可做，她還是花很多時間讓孩子們上音樂課、歡唱卡拉OK，但也讓她上課上得有些心虛。

心虛久了，總想著要改變什麼。有一次，她一時興起，將原訂音樂課的上課內容更動，改成讓學生們打掃音樂教室，但沒想到卻引起了一場小意外，她被一位自閉症的孩子大力地搧了一巴掌。

當痛楚在臉上熱疼的剎那，震驚與惱火不受控制地衝上的心頭，但那一瞬間，心中的理智也能明白，其實孩子的行為並非蓄意。根據自閉症的特質，他們對於每件事情都有固定的模式記在腦裡，當原定計劃更動時，便會引起他們腦中激烈的反彈，再加上他們通常不善於控制情緒，於是一聽到原本音樂課的卡拉OK改成打掃教室，孩子內心預期的排程被打亂，一時間便氣急敗壞，出手打了老師。

而那一巴掌，事後則在陳蔚綺心中留下一道震撼而深刻的痕跡。

後來，不合時宜的不分科教學體制，在課綱修正過後獲得了解套。新修訂的課綱中出現名為「藝術課」的項目，規定了合理的授課堂數和內容，才終於讓陳蔚綺得以名正言順地好好為孩子們上音樂課。

特教老師的必備特質

命運齒輪的轉動著，每一年誕下的新生命裡，有些孩子不小心折了羽翼。

縱使自小就面臨重重考驗，做為獨立的生命個體，他們仍必須在現實世界裡成長與學習。途中，有摯愛的家人呵護相伴，以及特教老師專業的教育支持，教導這些折翼天使如何飛翔。

然而，實際從就業市場來看，特教老師並非教育領域的熱門選項。

特教老師，是家長以外最常與孩子們相伴的「重要他人」。但由於多數人的理解不足，對特殊身障孩子抱有刻板印象，認為他們不幸、可憐；或因他們的外觀及行為與常人相異，而無法同理對待，甚至畏懼與他們相處。這些偏頗的印象，確實影響許多志願從事教育工作的人，會避開去走特殊教育這條路。

♪

「成為特教老師，真的很需要看個性。」回想起從前的故事，陳蔚綺語氣感慨。

曾經，有一位音樂系的學妹來到特教學校，使用洗手間時，被孩子無預警的失禮行為所嚇到。事發後，以近乎歇斯底里的狀態大聲責難，然而，孩子絕非蓄意，也不能理解自己做錯了什麼。但，面對及處理孩子們不可預期和控制的行動，就是特教老師的日常。

實際上，特教老師的主要教育目標不在於傳授學生專業知識，而是輔導、教育孩子正常生活的能力。當孩子難以學會常人可以輕鬆完成的事物時；因為身體障礙導致學習受挫時；又或者因為生理疾病無法控制情緒時，特教老師即是幫助孩子克服難關的重要角色。

因此，做為一位特殊教育工作者，面對特殊孩子不同的障礙、個性和脾氣，特殊教育的專業知識只是工具，真正需要的，莫過於是深厚的專業、耐心和強韌的心性，以及一顆時時保有溫熱的心。

♪

種子教師的培育之路

談及未來是否有後進可以接班，繼續推進台灣特殊音樂教育的發展，陳蔚綺罕見地露出了愁容。

「當然有想過，但其實蠻難的。」陷入片刻的沈思，她顯得有些苦惱。

先前，她曾希望擔任藝術學科老師的召集人，不藏私地將她長期累積的教學方法和教材分享出去；也曾辦過教學觀摩會，邀請其他老師參與課堂，了解如何帶特教生上音樂課；另外，她還主動釋出資源，歡迎其他老師帶班上的孩子來使用音樂教室，或是來借用樂器、輔助課堂使用。只可惜，這些寶貴的經驗和資源似乎很難引起老師們的興趣，實際參與的老師人數不如預期，她的一番苦心，暫且未能奏效。

將問題聚焦至盲生的專業鋼琴教育，則面臨另一層面的難題。

透過新聞媒體的傳播和分享，視障孩子在音樂領域的優異表現陸續被大眾所見，不僅吸引到民眾的關注和鼓勵，也使得越來越多家長樂於效法，希望讓家中的孩子學習音樂。因此，陳蔚綺不時能接到來自各縣市的電話，詢問她是否有時間和意願指導盲生鋼琴，或是幫忙引薦適合的鋼琴老師。

感受到盲生學琴風氣的興起，令陳蔚綺欣慰的同時，面對家長們的請託，她則感嘆是心有餘而力不足。

平日，她身為中特教務主任，執行行政工作之餘，也為孩子們上音樂課；下班後，她依舊身兼多職，課外時間幾乎全獻給更多的特教學生，不僅指導盲生鋼琴，還幫孩子們規劃各種演出和比賽等活動，更在孩子們有重要賽事、表演時到場支持。

多數時間都處於分身乏術的陳蔚綺，考量自身的時間分配，以及授課的教學品質，常是不得不婉拒家長和盲生們的上課邀請。但，另一項協助引薦老師的請求，卻是些許尷尬的小難題。

一方面，是因為過去音樂系的同窗，走的多是正規音樂教育，少有涉略特殊教育，即便透過她詢問邀請，一旦聽聞學生是無法看譜的盲生，多半會因不知道該怎麼教而婉拒；另一方面，與陳蔚綺熟識或同輩份的老師，雖然資歷夠深，但課後教導盲生鋼琴的行程太過操勞，鮮少有人願意犧牲下班後的時間教學生彈琴。

鑑於前述的種種情況，找不到適合或志向符合的老師，轉而思考從大學培養特殊音樂教育人才的可能性，陳蔚綺在嘗試過程裡，觀察到一些無法單憑她個人就能改變的現況。

回到培育眾多優秀師資的大學校園，她曾在台北市立大學音樂系的邀請下，演講「盲生鋼琴教育法」這個主題；也曾應邀回到母校台灣師範大學，和學弟妹們聊聊特教學校的音樂教育，勉勵未來的教育心血嘗試不一樣的道路。但是，光憑一場場主題單一且時間有限的演講分享，能達到的效果畢竟有限。

基於長期對特殊音樂教育發展的關注，陳蔚綺還發現，雖然台灣的特殊教育已經發展多年，但對特殊音樂教育的重視仍是不足，以師大音樂系的畢業生來看，進入特殊教育圈的學弟妹，多數選擇專注在「音樂治療」的領域，或是成為特教學校的行政人員，鮮少著眼於身障學生專業的音樂教育。

事實上，即便是特殊教育的工作者，能持續死守音樂教育這塊領域的老師，依舊是絕對的少數，甚至五根手指頭就能數完，而像陳蔚綺這樣對特殊音樂教育如此死心踏地、殫精竭智的老師，在台灣恐怕找不到第二位了。

不過，倒也不必太過悲觀，環顧四周，還是有好的跡象正在發生。

前一陣子，一位自行開設音樂教室的朋友來了聯繫，向陳蔚綺請教如何教導盲生彈鋼琴，並正在嘗試教一些身障的孩子學琴，彈奏時下流行的樂曲。得知此事的陳蔚綺，內心相當開心，間接感受到一份難得的溫暖和鼓勵。

不論如何，只要有人願意開始行動，一切都有新的可能。

♪

終極夢想的音樂村

遙望夢想的終點，陳蔚綺心底有一個終極的理想——音樂村。

所謂的音樂村，是指能夠讓身障孩子們終身居住的社區，孩子們得以在村子裡持續學習音樂、練團，再固定到外面進行街藝表演賺取打賞金，或是接受來自外界的演出邀請賺得收入。甚至，在音樂之外，孩子們還能培養餐飲和手工藝的技能，在村內開設烘焙坊、餐廳或商店，讓大眾可以前往消費，獲得觀光收益。

這樣的音樂村，或許聽來是遙不可及的烏托邦，然而，之所以有此音樂村概念的發想，起因於許多身障孩子家長共同的擔憂。

長期與身障孩子及家長相處，陳蔚綺發現，每一位家長對於未來的日子總是充滿不安，他們擔心一旦自己老了、走了，不知道留下來的孩子該怎麼辦，如何生活自理，又要如何謀生。

若是真有這麼一個音樂村，對父母來說，有生之年就可以放手讓孩子們獨立成長；對孩子們來說，則能享有足夠友善的居住環境，獲得更好的生活品質和工作機會，也能為孩子減去在現實社會裡所不得不承受的磨難

描述這終極的夢想，陳蔚綺的眼底閃爍著明亮的光采，彷彿理想世界的模樣近在眼前。

回歸現實，陳蔚綺深知，在理想實現的那天到來之前，她所要做的事情早已數之不盡，縱使我們都知道這個夢想多麼不易，但正因為擁有夢想，我們才得以前進。

♪

永不熄滅的特教音樂夢

遙想當年，陳蔚綺的音樂教職生涯才剛起步，就從普通教育體系躍身一跳，進到了特殊教育界。

起初，她對特殊身障孩子的了解不深，也並非懷抱遠大的理想目標而來，但在與孩子們相遇後，經過近距離的相處和互動，她深受他們天真爛漫的特質和喜愛音樂的心所吸引，點燃她對特殊音樂教育的熱忱，並持續燃燒至今。

雖然就大眾的普遍認知，身心障礙的孩子多半是傻傻的、憨憨的，不大聰明，也沒什麼心機，導致大多數的教育方針，只是讓他們每天重複做著差不多的事情，安安份份地過日子就好。

但是，看著這些對音樂有興趣、又有天份的孩子，陳蔚綺真心希望他們可以真正享受音樂為生命帶來的美好和快樂。於是，她義無反顧地陪伴孩子們，以音樂灌溉他們的心靈、滋養背上受傷的羽翼，將他們推上生命的舞台，博得世界的滿堂喝采，也為社會帶來源源不絕的溫暖和希望。

陳蔚綺這一份綿延不絕的溫柔耕耘，開闢出特殊教育界裡一條璀璨的音樂星河。

或許，與她和孩子們耀眼的成就相比，特殊音樂教育的前景有些黯淡。

即使曾經歷過各種事物帶來的挫折，也曾對是否要如此堅持感到疑惑，但對陳蔚綺來說，只要仍能感受到這些孩子對她的需要，想起孩子們給予她的真心回饋，對特殊音樂教育這一份捨我其誰的使命感，就永遠不會消失。

回憶起目前走來的點點滴滴，陳蔚綺堅定地表示：「一切都是值得的。」

孩子們要追逐的音樂之夢，即是她的心之所在。

♪ ♪ ♪

《陪伴——總統教育獎推手陳蔚綺的愛與教育》

作者／陳蔚綺
採訪撰述／邱子喬
照片提供／陳蔚綺、邱子喬
封面設計、內文編排／邱子喬
行銷企劃／鍾佳陽、賴婉玲、林姮聿

發行者／聯合報系文化基金會
出版者／有故事股份有限公司
地　址／11070 台北市信義區基隆路一段 178 號 12 樓
電　話／(02) 2765-2000
傳　真／(02) 2756-8879
公司網址／www.ustory.com.tw

印刷製版裝訂／世和印製企業有限公司
總經銷／大和書報股份有限公司
初版一刷／2018 年 8 月
定　價／320 元
ISBN／978-986-95921-2-3

國家圖書館出版品預行編目 (CIP) 資料

陪伴：總統教育獎推手陳蔚綺的愛與教育 / 陳蔚綺作 . -- 初版 . -- 臺北市：有故事出版：聯合報系文化發行, 2018.08 3　220 面；　14.8*21 公分
ISBN 978-986-95921-2-3(平裝)
1. 陳蔚綺 2. 傳記 3. 特殊教育教師

529.5　　107013038